# 「和进教育」的思与行

彭志洪 著

华南理工大学出版社
·广州·

## 图书在版编目（CIP）数据

"和进教育"的思与行/彭志洪著. —广州：华南理工大学出版社，2017.8
ISBN 978-7-5623-5379-9

Ⅰ.①和… Ⅱ.①彭… Ⅲ.①中学教育－文集 Ⅳ.①G63-53

中国版本图书馆 CIP 数据核字（2017）第 201438 号

---

"He Jin Jiaoyu" De Si Yu Xing

**"和进教育"的思与行**

彭志洪　著

| | |
|---|---|
| **出 版 人**： | 卢家明 |
| **出版发行**： | 华南理工大学出版社 |
| | （广州五山华南理工大学17号楼，邮编510640） |
| | http://www.scutpress.com.cn　E-mail: scutc13@scut.edu.cn |
| | 营销部电话：020-87113487　22236185　87111048（传真） |
| **策划编辑**： | 何丽云 |
| **责任编辑**： | 卜穗珍 |
| **印 刷 者**： | 广州市骏迪印务有限公司 |
| **开　　本**： | 787mm×1092mm　1/16　印张：10.5　字数：192千 |
| **版　　次**： | 2017年8月第1版　2017年8月第1次印刷 |
| **定　　价**： | 38.00元 |

版权所有　盗版必究　印装差错　负责调换

# 和美共进　务实求新

————作者的话

　　和美共进，指一种教育状态；务实求新，指一种工作精神。

　　具体而言，"和美共进"指在治理学校、率领师生努力奋斗的过程中所达到的教育境界。其中，和美，指关系、场景和乐美好，包括和美校园、和美课堂等；共进，指品德修为共同进步，包括师生共进、生生共进等。

　　"务实求新"指达至"和美共进"教育境界的内在驱动力，即在事业上的务实求新精神。其中，务实，指尊重客观规律，讲究实际成效，包括对教育规律的尊重、对学校发展规律的尊重、对学生成长规律的尊重等；求新，则指不断追求突破、开创新的工作局面，达到新的境界，包括理念创新、实践创新，形成系统齐备的管理思想等。

　　总之，"和美共进，务实求新"是对"和进"教育的具体描述，包含了"和进"教育形态与精神的两个关键要点。

　　本书包括三部分。"思考者·思想的力量"：此部分主要收集公开或未公开发表的各类文章；"演讲者·激励的艺术"：此部分主要收集在各种场合的演讲文稿；"管理者·管理的智慧"：此部分主要收集关于学校管理方面的材料。

彭志洪<br>
2017－7－1

# 目 录

绪论 ............................................................. 1
    "和进"教育——关于教育模式、思想与文化的总结 ............... 2

## 第一部分　思考者·思想的力量 ............................... 11
    "创现"理念下的个性化学习 .................................. 12
    电子书包在个性化学习中的应用研究 .......................... 16
    均衡教育背景下减少学生"两极分化"的对策 ................... 22
    开展家校互动，促进素质教育 ................................ 25
    现代教育技术在课堂教学中的运用 ............................ 28
    信息技术在新课标课堂教学中的运用 .......................... 30
    运用现代教育技术促进学校德育工作 .......................... 34
    中美质优生培养的对比和反思 ................................ 37

## 第二部分　演讲者·激励的艺术 ............................... 42
    编织理想，勇攀高峰 ........................................ 43
    给力附校，再创辉煌 ........................................ 45
    鼓足力量，再创佳绩 ........................................ 48
    看清形势，调整心态，积极应考 .............................. 50
    以崭新的姿态和面貌去迎接新的挑战 .......................... 53
    自信、拼搏、成功 .......................................... 55
    一勤天下无难事 ............................................ 57
    创新思维，动手实践 ........................................ 60

## 第三部分　管理者·管理的智慧 ............................... 63
    办有灵魂的教育　育有使命的人才 ............................ 64
    科学发展　创办特色 ........................................ 69

# 目 录

茂名市第一中学附属学校义务教育标准化学校评估验收自评报告 …… 72
发挥多种教育优势　尽显书写教育特色 …………………………… 84
让教师在集体的大熔炉中幸福成长 ………………………………… 90
规范使用汉字，营造国学氛围 ……………………………………… 94
规范管理促内涵，科学谋划求发展 ………………………………… 97
抓好常规管理，构建和谐校园 ……………………………………… 104
致力打造"五项"办学优势　创建特色窗口学校 ………………… 111
走内涵式发展之路，办标准化窗口名校 …………………………… 117
锐意办窗口名校　精心育栋梁之材 ………………………………… 122
德高风正廉从教，润得桃李春满园 ………………………………… 125
茂名市祥和中学关于实施义务教育实验课程改革工作情况的报告 … 127
加强校际交流合作　促进教育均衡发展 …………………………… 133
文化引领，科学发展 ………………………………………………… 136
抓中心　突重点　细管理　显特色 ………………………………… 143
加快发展步伐，建现代化名校 ……………………………………… 149

**后　记** ………………………………………………………………… 155
　　寻问本质　明识方向
　　　　——第四期京苏粤中青年校长研修北京阶段学习收获与感悟

 绪　论

# "和进"教育

## ——关于教育模式、思想与文化的总结

我1995年毕业于华南师范大学,从教20多年,担任校长11年;创办了茂名市龙岭学校以及茂名市祥和中学(原茂名市第一中学附属学校);培养了一百多名年轻教师,他们大都为学校骨干;教育了一大批优秀学生,其中2000多人考上省重点中学,有17人后来考入清华大学、北京大学。我创办的两所学校从薄弱学校成为优质学校。

一直以来,我都在坚守和创新"和进"的教育思想和实践模式,致力于实现学校内涵式发展、教师专业化发展、学生幸福快乐成长以及社会、学校、家庭和谐共进的教育梦想。

### 一、"和进"教育提出的背景及其内涵

茂名市第一中学附属学校成立于2013年7月,是在原茂名市第一中学的基础上创建的,是茂名市教育局批准设立的一所全日制公办初级中学,也是市委、市政府和市教育局重点扶持发展的学校。占地120多亩,建筑面积7万多平方米,拥有先进齐全的教学设施设备。师资力量雄厚,有一支以本科和研究生学历为主,以高级教师为骨干的师资队伍。现有在职在编教师233人,其中,中学高级教师65人,中学一级教师71人;拥有一大批南粤名师、名班主任、市优秀教师、学科带头人、省市级骨干教师,获得省以上表彰的教师达100多人次。

2017年,学校根据教育行政部门的要求,将原来的中学名称按小区花园名称更名为"祥和中学"。"祥和"即吉祥、和谐、顺利、幸福、美好,传统味道与现代气息交融,也与我一直倡导的"和谐共进"的办学思想不谋而合。这就让我更加坚信我的办学思想一定能实现,坚信自己在教育管理方面能创造出一片新的天地。当然,"和进"思想的提出与当时创办学校的困难、师资质量参差不齐有关,但我更希望通过打造"和进"的学校特色教育主题,引导家校之间、师生之间以及同事之间和谐、共进,学校能够持续科学发展,培养出祖国所需的栋梁之材;

家庭能够和谐和睦，孩子得到父母的关爱健康成长；教师有自己的价值追求，和谐团结，其专业化发展不断得到提升；学生能快乐茁壮成长，有抱负、有修养，实现自己的追求。

"和"是和而不同，协调统筹；"进"是蓬勃发展，更上一层楼。"和进"教育即祥和群心、和心共进，是一种团结合作、催人奋进、互动共进发展学校以及成就自我的思想。有和才有进，以进更促和。所以，"以和而进"的"和进"办学思想，激励师生和家校树立"和谐共进"的精神，团结进取，和谐合作，同心同力，奋发向上，共同进步，互动成长，共同发展，实现多赢局面。

## 二、"和进"教育的导向

基于"和进"办学思想的引领，我校根据学校内涵式发展要求、教师自身成长需求以及学生成长成才的核心要义，制定了以下导向：

### （一）办学思路

愿景：和谐大家庭，幸福祥和人。

口号：同进、互赢、圆梦。

办学理念：文化引领，科学发展，规范与个性共存。

教学理念：面向全体，夯实基础，张扬个性。

具体而言，应做到：①关心每一位学生的发展；②尊重每一位学生的差异；③打基础与开发潜能结合。

### （二）三风建设

校风：明德、敏行、创新、图强。

学风：勤学、善创、进取、感恩。

教风：博学、垂范、包容、爱生。

### （三）学生的特点

①志向高远；②道德高尚；③学业优秀；④身心健康；⑤个性张扬；⑥发展持续。

具备"六个一"，即有一颗公正善良的心、能讲一口标准的普通话和能用英语交流、能写一手工整的硬笔字和毛笔字、掌握一种乐器表演、爱好一项体育运动、有一门最喜爱的学科并学有所长。

在这个基础上，我带领教师践行十项承诺：①帮每位学生制定系统科学的学习方案；②让每位学生都参与班级管理；③让每位学生每学期主持一次班会课；④教师每学期和每位家长有两次互动；⑤教师每周与每位学生都有一次交流；⑥教师面批每位学生的作业一月一次；⑦教师要让学生每学期发言不少于三次；⑧让学生每月都有一次展示自我的机会；⑨每位学生每天都能得到教师、同学的表扬；⑩每位学生每周都能参加一项体育运动和社团活动。

## 三、"和进"教育的系列主题

在"和进"教育思想的指导下，相应地构建"和进"文化、"和进"教研、"和进"德育、"和进"安全教育以及"和进"家校合作，以达到和而不同、共同进取的目的。

### （一）"和进"文化

文化寓意浓厚，是一种无形的力量，能催人创新发展，激励人凝心聚力、超越自我。

#### 1. "和进"校园

我校注重楼文化建设、道路文化建设、广场文化建设，经广大师生家长充分讨论认同，重新命名格物楼、致知楼、致真楼、致正楼、致理楼、兰亭楼、德馨楼，创建桃李园、图强广场和圆梦广场等奋发向上、和谐共进的系列文化，打造仁、义、礼、智、信和忠、孝、耻、勇、廉的祥和群心、和心共进的楼梯文化，建立国学厅、孔子学堂、棋艺长廊、名人事迹、恭俭感恩的国学经典和进文化等。使学生在校园大环境中感受和进文化的熏陶，激发学生成才、成人，形成团结、和进、合作的幸福祥和的愿景。

#### 2. "和乐"课堂

我校主张多鼓励、多发现学生优点，使学生个性张扬，多方创设展示学生才华的舞台，最大限度地让学生受到老师、同学和学校的赞许，培养学生学习兴趣，使学生在课堂中寻找到乐趣。

### 3. "和雅"教师

我校经常开展教学大比武、说课比赛、微课制作竞赛、动手实验科技竞赛以及"最美教师""最美科组""最美团队"评比,大胆砍掉老师的羁绊——常规检查,让老师找到自身价值,得到学生的尊重,形成自己的教学风格,做真正的"和雅"教师。

### 4. "和煦"班级

我校班主任老师系统开展班级建设活动:周一班会活动、周三班级文化主题日活动、班级文化标识设计活动、班级愿景设计活动、班级小组文化活动、开学日活动、祥和学子印象活动、毕业生离校日活动等。许多班主任老师根据自身班级学生学习存在的问题,研发了大量具有个性而独特的微课程,从而为学生学科学习或课程学习创造良好的微观生态环境。

## (二)"和进"教研

教学是学校工作的中心,也是学校发展的生命线。我校成立了以校长室—教研室—科组—教师的自上而下的教研主线,"和进"贯彻其中的每一部分、每一环节,做到集体备课"和"、教学"和"、集体教研"进"以及个人成长"进",积极探索高效课堂,创新教学模式,努力提升教学"软实力"。

### 1. 创新教学模式,践行"三个三分之一"

新课程明确指出,在教学中必须尊重学生,突出学生的主体地位,发挥教师的主导作用。这就要求我们必须重新审视自己的课堂教学行为,再用老一套的教学方法必定走不通,必会到处碰壁。因此,我们倡导课堂"三个三分之一"模式,即三分一时间教师精讲,三分之一时间学生讲、议、练和评,三分之一时间师生互动,引导教师构建互动性、激励性、探究性、点拨性、情景性的课堂教学模式,做到把课堂还给学生,让学生自主探究、合作学习。这样,教学之间的矛盾"和"了,教材与学生之间的对话"和"了,师生的互动"和"了,学生学习的兴趣"进"了,课堂氛围的改善"进"了,课堂教学成效"进"了,极大地促进了素质教育的进行和学生核心素养的发展。

### 2. 坚持集体备课,共享智慧结晶

我校创设了"三次备课两次反思"的集体备课模式:备课组通过"个人备—集体备—课后备"三次备课和"课前反思—课后反思"的流程,完成"个人教

案—集体教案—完善教案"的演变。此外，教师统一教学计划和进度，备课组每周集体备课至少一次；每一课内容通过集体备课后才进入课堂；每个教师一个学期至少上一节示范课或公开课；每位任课教师每学期听课不少于20节。"三次备课两次反思"的集体备课，让教师们和而不同，各有长进，极大地提高了全体教师的教学业务水平，切实建设了一支高素质的教师队伍。

**3. 抓好一分四率，提高教学质量**

我校积极贯彻省、市教育工作会议精神，认真抓好一分四率。第一，做好辅导工作。学校由过去主要辅导尖子生，转为与学困生结对帮扶，每个教师和五个学生结对，从生活、学习、思想上关心和帮助他们，确保学生"进得来、留得住、学得好"。第二，教学面向全体。学校坚持抓中间促两头的策略，倡导激发式教学、互动教学、激励教学等。采取学法指导、面批作业等措施，大面积提高教学质量。第三，落实"控辍保学"工作责任。学校把"控辍保学"指标完成情况作为教师评先选优的重要依据。加强对孤儿、单亲家庭子女、留守儿童和"学困生"等极易辍学群体的关爱和教育，及时了解他们的思想动态，从思想源头上严防辍学。我校辍学率控制在1%以内。

**4. 多管齐下，提高教师队伍整体水平**

（1）组织校本培训，让教师站稳讲台。

为了让教师能更深入了解和熟悉教学实际、教学方向和教学动态，学校开展"教学案编写""理化生实验课设计""初二学生心理特征""新网络词汇""新理念下的课堂教学""'三个三分之一'的教学模式"等校本教师培训，通过培训学习，锤炼教师的基本功和教学能力，促进教师专业发展，提高了广大教师的教学业务水平和课堂教学艺术，使互动教学和激励教学以及讲、议、练、评教学在我校普遍开展，大大提高课堂效率，深受学生的喜欢。另外，学校每个学期4次组织全体老师参加课件制作和教学平台使用的培训，进一步推广了现代化的教学手段，加快了信息化教育的进程，实现了平板教学设备人人通、班班通。

（2）坚持"走出去"和"请进来"。

我校坚持"走出去"，积极组织教学骨干外出学习多达120人次。分别到江苏泰州姜堰区励才实验学校、扬州市邗江外国语学校、佛山华英中学、番禺石基四中、惠州一中、江门新会葵城中学、江门市实验学校等学校交流学习，还多次派教师参加省、市名师工作室学习及中考研讨会，不断提高教师的业务素养和理论水平。此外，坚持"请进来"，每学期定期举办两次大型教研活动。一是大型教学科研活动，二是"学校开放日"教研活动。每次活动，都邀请名校长、名教师和市教育局教研室全体教研员到校进行全面的教学指导，为我校教师传经送宝。

（3）结对子，传带帮扶。

为了提高教师教研能力，提升教师教学水平，学校开展了"结对子，传带帮扶"活动，实行集体备课，发扬团队精神，发挥集体智慧。由各科组经验丰富的教师与一名年轻教师结对子，通过集体备课，传授教育教学经验，让年轻教师特别是新教师快速成长，形成学科合力，提高教学质量。在老教师们的帮助下，我校涌现了一批新的教学能手，如语文科组的林海宇、地理科组的陈德炯、历史科组的邱健。

（4）搭平台，展现风采。

学校通过开展"新教师优质课评比""高级教师示范课评比""科组外出学习交流""集体备课（二次备课）""同课异构""课堂大比武""微课制作比赛"等教研活动，优化师资，创新教研，进一步提高教师的专业化水平，以达到"抓教研促质量"的目标。

**5. 构筑教师联盟，倡导集体创优**

由于教师素质参差不齐，个性差异很大，我校倡导集体创优，集思广益，挖掘教师的个性特长，积极组建教师联盟，包括班主任联盟、班级楼层联盟、科任教师办公室联盟等，以充分发挥各自长处，互相补位，补足各自短板，让教师在联盟中相互学习，共同进步，共同成长；发挥集体智慧，发扬团队精神，促进学校和谐发展。教师在集体的大熔炉中幸福成长，并在幸福之中屡创佳绩。

**6. 实施分层教育，因材施教**

根据学生的不同意愿和个性，开设第二课堂，采取"走班制"授课，加强对学生薄弱科目的辅导，培养学生的学习兴趣，发展思维，培养能力。如数学提高班的开设，就为数学成绩中等的学生提供了一个提高的平台。

### （三）"和进"德育

以德育为重，德育优先发展。我校遵循学生身心发展的特点，始终以"和"为德育理念，传承国学精华"和"文化，持续推进初一养成教育、初二担当教育、初三励志教育，以活动为载体，严抓落实，不留盲区，为塑造学生健全的人格、学会做人处事奠定良好的基础。

（1）坚持不懈开展常规的国旗下讲话和主题班会。形式多样的主题如"我自信、我快乐""雷锋精神在我身边""我爱我师"等，让学生在活动中受到"和"文化的熏陶，进而感悟爱国、感谢恩师、感恩生活，体验进步和成功的快乐。

（2）精心设计校本德育。首先是"每周之星"的评比，包括学习之星、进步之星、劳动之星、心灵之星、爱国之星；其次是表彰月考成绩优秀的学生，以树典范；其三是每周评比卫生先进班、每两周评比文明班，促进班风班貌建设，形成勤奋、善思、进取、感恩的良好校风。

（3）实行德育导师制。我校注重做好后进生的转化工作，每个科任老师担任四名"后进生"的德育导师，德育导师要制定工作方案，从生活、学习、思想上关心和帮助他们，定期向家长和政教部门汇报工作对象情况，撰写教育案例，每月在年级进行小结，每个学期学校组织总结。

（4）创建丰富多彩的社团。目前我校有文学社、读书社、演讲协会、舞蹈队、英语协会、书画协会等社团，经常开展丰富多彩的社团活动，包括经典诗歌朗诵比赛、演讲比赛、现场听写大赛、现场书法大赛、现场作文大赛、英语SHOW、绘画比赛等，为学生提供施展才华、展示自我的大舞台，也给学生筑建了一座建立友谊、增强集体凝聚力和团结精神的桥梁。这些丰富多彩的社团活动，既锻炼了学生的交际能力，又提高了学生的认知水平，为我校的素质教育添砖加瓦。

## （四）"和进"安全教育

安全重于泰山。"和进"教育在校园安全防卫方面表现在物防、人防以及联防都要统筹协调，及时跟进。我校非常重视安全教育，多管齐下，齐心协力打造安全文明校园。

（1）建立健全各种安全管理制度。制定了《茂名市祥和中学安全工作管理制度》《茂名市祥和中学各种突发事故应急预案》等10多项安全管理制度，使安全工作有章可循、有规可依。而且，执行必严、违规必究，不留盲点、不出漏洞，强化安全工作管理，让校园安全工作走上制度化、科学化的轨道，以达到规范师生行为、增强师生安全意识的目的。

（2）落实"一岗双责"责任制。按照安全目标责任制，明确分工和职责，齐抓共管，形成合力；同时，各处室与具体负责有关岗位的工作人员签订安全责任书，强化安全责任意识，尤其对门岗值班、宿舍管理、楼层值班、放假期间等易出问题的地方和环节,加强督导,落实检查,做到责任到人、群防群治。

(3) 重视校园安全教育。将安全教育纳入教育教学计划,重点开展"六防"(防溺水、防交通事故、防火、防震防灾、防食物中毒、防传染性疾病传播)教育。认真执行教育局关于安全工作"1234"的教育模式,注重安全教育常态化,引导学生养成良好的安全行为习惯。通过科任教师每天上下午最后一节课的1分钟安全温馨提醒、每周放学班主任对学生进行至少2分钟的安全教育、每次寒暑假和节假日放假之前进行不少于30分钟的安全教育以及每周五班主任组织不少于40分钟的专题安全教育课等形式,让学生把安全准则内化于心,外化于行。此外,还利用校讯通、QQ群、LED屏幕等信息平台,在节假日、汛期、高温时期、秋冬干燥季节发布安全温馨提示,使学生养成良好的安全行为习惯。

(4) 以活动强化安全育人实践。通过演讲比赛、图片展览、主题班会、观看视频等活动进行毒品预防教育和交通安全教育;通过知识竞赛、手抄报、黑板报比赛、征文比赛等活动进行防溺水、防食物中毒、防自然灾害和安全用电、安全用火等教育;同时,邀请有关专家到学校进行安全法制教育。通过以上一系列活动,增强师生安全防范意识,提高师生避险自救能力,真正做到安全警钟长鸣。

(5) 配备专业安保人员和加大安全经费投入。除足额配备10名校警协助开展"黄埔军校式"安全管理外,我校还加大了安全工作专项经费投入,用于安全专题活动开展、安全器械采购、安全培训等方面。

### (五)"和进"家校合作

"和进"不仅体现在师生之间、教学之间,也体现在家校合作之间。我校为了形成强大的教育力量,创新了家校合作模式,使有效教育落到实处,增进了家校间互信合作,助推孩子的健康成长。

(1) 学校成立了"家校和谐委员会",让家长参与学校管理,共同探讨教育学生的方法和内容。

(2) 定期组织家长会,反馈学生在学校和家里的情况,增进理解,形成合力,促进学生向良性方面发展。

(3) 通过亲子活动、妈妈故事团、班级家长QQ群等方式,加强与家长的沟通与互动。

(4) 举行家长开放日活动,增强了学校办学的透明度,使得学生更支持和拥护学校的教育教学行为。

（5）定期家访。教师们深入学生家庭，了解孩子在家的表现情况，并和家长进行交流。

### 四、"和进"教育的成效

学校创办四年来，取得了丰硕的办学成果：被认定为"广东省交通安全文明示范学校""广东省依法治校示范学校"；2016年中考，考上省重点中学（市一中）人数达381人，上线率达30%；市重点上线率超过85%；学生参加省、市各项比赛获得市级以上表彰达3000多人次，办学综合实力名列前茅。

校园处处充满着艺术氛围和人文关怀，成为广大学子向往的学习殿堂。

# 第一部分

# 思考者·思想的力量

# "创现"① 理念下的个性化学习

两年来，学校积极开展基于移动互联网云和大数据海量资源库新信息技术的教育改革和创新，使个性化教学、分层教学、走班课堂、微课教育、创客探研等新模式成为教学新常态。特别是通过电子书包进行的互动教学、小组协作、在线探研、即时评价，充分调动学生学习的积极性，关注到每个学生的个性，实现了高效课堂。

——彭志洪

**访谈者**：尊敬的彭校长，您好！非常感谢您接受本次专访，教育部关于《教育信息化"十三五"规划》（以下简称规划）强调：以"构建网络化、数字化、个性化、终身化的教育体系，建设'人人皆学、处处能学、时时可学'的学习型社会，培养大批创新人才"为发展方向。据了解，贵校"创现"项目建设中实施了个性化教育，能否请您谈谈总体设计理念？

**彭志洪**：学校教育现代化建设项目的总体设计理念是力争通过跨越式建设与发展，建成高水平校园网基础设施公共平台、实现高速安全的校园网全面覆盖校园；体现数字校园文化的信息化终端遍布校园，立足师生员工信息化应用的实际需求，以信息技术对学校的教学、教研、管理和服务等各项工作进行现代化改造，构建资源数字化、应用集成化、传播智能化的信息环境；建设可共享的优质校本教育资源库，实现教学教研、管理服务的高度数字化、智能化，全面提升师生的信息素养和应用水平；建设学校创客空间，实现创客文化与教育相结合，基于学生兴趣，以项目学习的方式，使用数字化工具，倡导造物、鼓励分享，培养跨学科解决问题能力、团队协作能力和创新能力；积极应用新媒体、新技术，开展个性化的教与学的课堂活动，突出学生的主体地位和作用，有效促进学生个性发展的学习过程和方式。最终建成优质、安全、绿色、人本的信息化校园，为建设全

---

① "创现"，即创建教育现代化。

省一流学校的总体目标提供强大支撑。

**访谈者**：个性化教育离不开学生的个性化学习，贵校如何构建个性化学习的环境？

**彭志洪**：我们通过深入研究教育发展趋势，并利用最新的信息技术，针对目前国内教育现状和面临的困境，开发出了智慧云课堂平台。它是基于移动互联网技术的完整数字化教学云平台，以最新的互联网云应用信息化概念和全方位的平板电脑教学互动、海量资源库建设管理为切入口，构建出智慧化基础教育一体化平台。该产品融入教学、学习、管理、测试、评估、提升的全过程，最终达到实现教育公平、提高教育质量的目的，推动教育教学改革的发展。

学校的个性化学习建设，主要是建成电子书包智慧课堂，依托云计算、网络和信息终端等环境建设，搭建互动课堂、人人通、资源库、家校通平台，进行专业的培训与服务，满足学校管理员、教师、学生、家长的信息化管理的需求，开展针对性教学、个性化学习、家校沟通等绩效评价。个性化学习推进工程包括环境建设、软件平台开发、资源建设、培训服务、绩效评价五个模块，如图1所示。

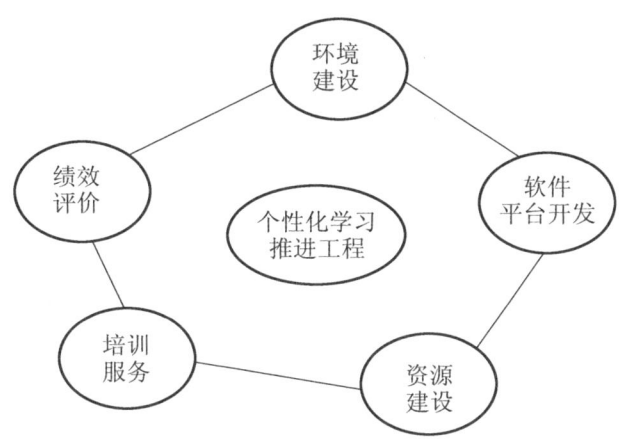

图1　个性化学习推进工程五大模块

**访谈者**：请您谈谈如何具体实施个性化学习吧！

**彭志洪**：教师利用电子书包进行课堂互动教学，可即时捕捉学生学习动向，调整教学组织；利用电子书包的教学评价功能，获得即时的课堂反馈，即时调整教学策略；教师在线发布并批改习题，实现课堂即时评价。学生可以在教师指引下，根据学习主题，利用电子书包丰富的数字化学习资源与学习工具，进行小组协作学习和探究学习，调动学生学习的积极性，活跃课堂气氛。课前、课中、课后的实施情况如图2所示。

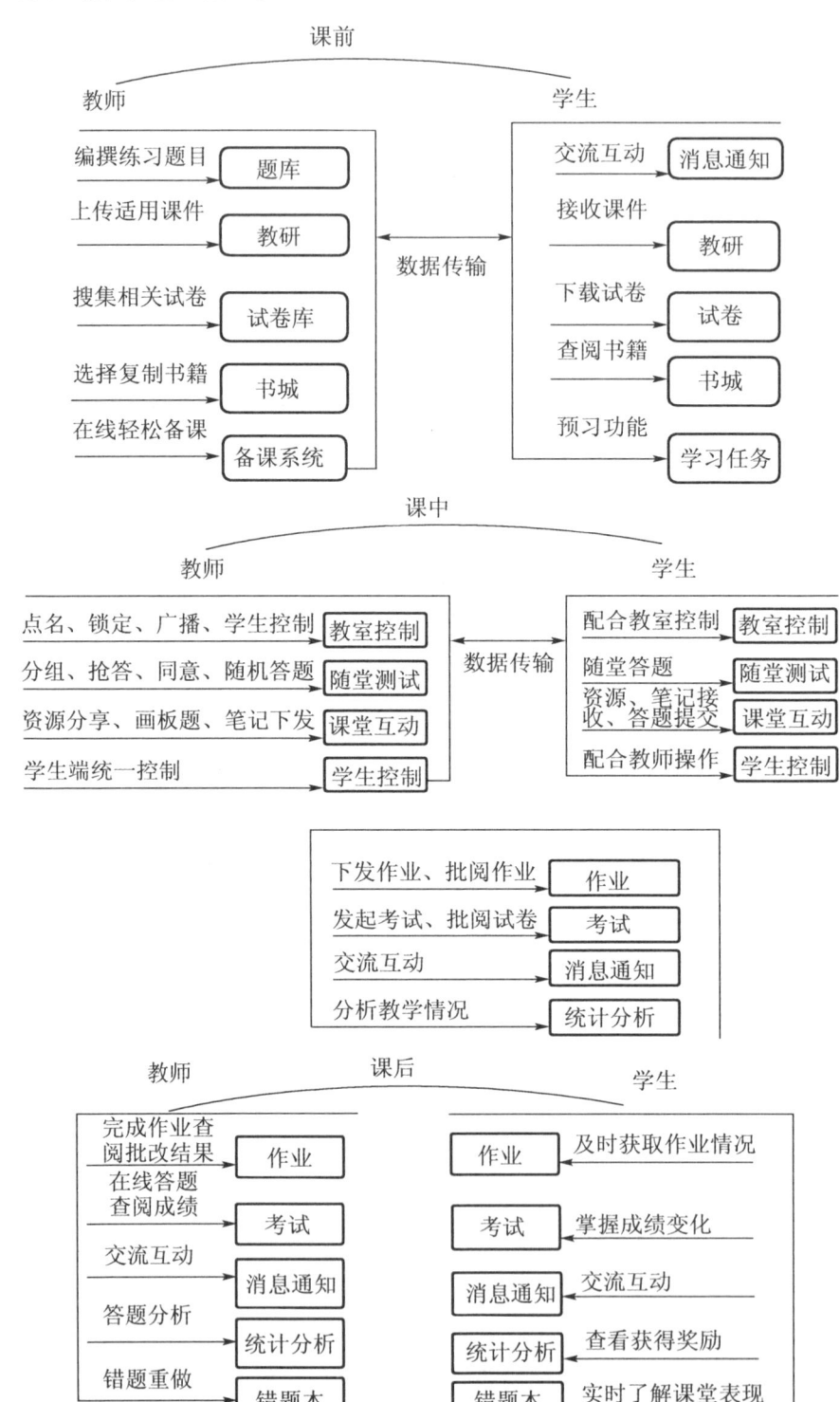

图2　电子书包在课前、课中、课后的实施情况

**访谈者：**据了解，贵校利用互动反馈教学系统来满足学生的个性化需求，您能具体谈谈吗？

**彭志洪：**互动反馈教学系统（简称 IRS）是一种以多媒体、计算机网络等信息技术为基础的网络平台，是一种将课堂教学过程的多媒体演示、信息反馈、师生及生生交互等环节进行高效整合的系统平台。通过建设 IRS 体系，老师可快速设置互动课件，并利用无线通信与多媒体交互技术，结合平板电脑、投影仪、电子白板等教学设备，在课堂教学过程中实现交互问答、投屏分享、即时反馈等功能，使得师生在教与学的双向活动中，信息能够得到即时的交流、即时的反馈。师生都作为反馈主体，向对方发出信息，彼此相互接收信息，并依次调节自己教和学的行为。及时反馈能提高教学效率与教学效果，加强学生参与度，提升教学效果。

IRS 系统可同时接收所有学生的答案，并以视觉化图表或照片的形式，或同时展示所有答案的方式呈现作答结果。教师可进一步利用作答结果的呈现，引导学生进行答案理由的说明与深入讨论，促成知识点的教学评价、诊断和补救，借此促进课堂学生的互动与沟通。例如：刘高雄执教的九年级数学课"用配方法求解一元二次方程"中，既继承了传统数学课优点，也实现了电子白板（一体机）与数学学科的整合。这节展示课主题是以移动终端为主的新媒体在学科上的教学应用，做到了信息技术与学科的深度融合，能很好地体现电子书包的作用（自主、协作、探究）。本节课电子书包的应用主要在"复习思考"练习环节、新课教学"做一做"环节、"练习"环节。电子书包的作用不仅体现在"展示""做题（自主学习）"、拍照、选择题简单评价，还利用个性化学习系统（工具）面向全体学生，关注个性差异，促进了学生的个性发展。

**访谈者：**在未来建设个性化教育中，您有哪些新的想法？

**彭志洪：**我校正在探索基于慕课的翻转课堂教学改革和研究，我很希望通过三五年的实践，全校每个学科、每位老师、每位学生都能适应这种线上与线下相结合的混合式教学方式，老师们的教学观念、学生们的个性化学习都能与时俱进，真正实现老师分层教学、学生自主学习。同时，我校也在大力进行创客基地的建设工作，我希望在这个平台里，各学科教师加强 STEAM 教育理念，并指导学生进行创客教育的学习，不断地摸索和积累，充分利用创客教育与 STEAM 教育相结合，有力推动我校师生在创新方面的发展。

（此文发表在 2017 年第 4 期《教育信息技术》上，有改动）

# 电子书包在个性化学习中的应用研究

随着信息时代的到来，电子产品覆盖了人们的生活，以便捷、灵活、系统为优势的电子书包应运而生，成为新兴技术在现代教育领域最受欢迎的产物。可以说，电子书包作为一种新型的教育产品，承载着丰富的数字化教育资源，是数字化教育未来的发展方向。

现代教育提倡"让每一个生命都成为最好的自己"，但由于大班教学模式以及课堂教学时长的限制，个性化教育难以在每节课上实施，而电子书包的出现，则为个性化教育打开了便捷的大门。2016年，为了促进教育信息化和教学个性化的发展，茂名市祥和中学选取了两个实验班，试点推行了以电子书包为主的教学实践模式，本文将结合我校电子书包在课堂教学中的实践，分析电子书包在个性化学习中的优势和困难，从而提出几点实施策略，以期对一线教育工作者提供帮助。

## 一、电子书包的概念和特点

电子书包是在一个基础网络环境下，由无线网络、移动设备、蓝牙等新兴技术构建的促进学生学习、成长和发展的教育系统，具有资源管理、资源共享、人机交互、人人交互等功能，支持课堂教学和移动学习。（王斌，2012）

相对于传统的书包，电子书包具有以下特点：

### （一）便携、可移动

秉承了"解放学生的脊梁"的理念，电子书包极大地减轻了学生书包的重量，电子终端可以存储各科的课本、作业以及海量资源，学生无论上学还是外出，只要携带电子设备，就可以随时随地地进行学习。

### （二）资源丰富

电子书包中的资源比传统纸质版书籍丰富，能通过图片、动画、视频等媒介创造形象生动的教学情境，活跃课堂氛围。同时，通过互联网系统，电子书包能够为学生提供国内外学习资源，有利于打破教育资源不平衡的状况。

## 二、电子书包在个性化学习中的优势

电子书包进入校园已经成为不可逆转的趋势，其在个性化教学当中也展示出了很大的优势。传统的教学，分层难度大，反馈滞后，教师难以针对不同程度的学生因材施教。而电子书包的出现，不但能够为不同程度的学生提供教学资源，而且能够迅速地分析和反馈学生的学习情况，这就为学生的个性化发展提供了便利。

### （一）提供分层教学资源

电子书包以互联网资源为背景，能够为教师和学生提供丰富的资源。对于教师来说，电子书包就是一个教学资源库，教师能够从中检索，为不同层次的学生推送相应的教学课件、习题以及作业，为学生的分层辅导提供可能。而对于学生来说，电子书包就是一个学习助手，其网络功能使得学生在课堂上可以查阅相关的信息，丰富知识储备，拓宽视野，满足个性化发展的需要。另外，电子书包中有很多音频、视频等新颖素材，这些素材能够加大感官的刺激，吸引学生的注意力，提高学习的趣味性。比如在七年级下册语文《皇帝的新装》一课中，教师在讲授片段的过程中不时将故事动画发送给学生，这不但大大地激发了学生的兴趣，还能使学生通过动画对故事情节进行深化，这对于部分注意力难以集中的学生来说，无疑是一剂良药。

### （二）提供及时互动反馈

在传统的教学当中，教师接收学生学习情况的反馈比较滞后，往往只能通过课后作业或者考试情况来对学情进行分析，对学生的了解难以客观全面。而电子书包作为教师与学生的交互平台，能够及时向教师反馈学生的学习动态，无论是课堂小练还是课后作业，学生完成后都会通过互动平台第一时间传送给教师，教师可以根据反馈，及时了解每一个同学对知识的掌握程度，调整教学策略。比如在七年级下册英语 *Making plans* 一课中，教师将课堂练习发送给学生，学生在平板电脑上完成作答并提交，教师可以随机翻看每一个学生的完成情况。练习结束后，每道题目的正确率都会显示在白板上，当教师发现某些题正确率较低时，马上进

行讲解并推送二次练习。这有利于师生查漏补缺，提高课堂效率。另外，教师也可以通过电子书包形成学生的成长记录档案，我校电子书包实验班的每个学生都有自己的成长资料库，其中包括每次作业分数记录、错题集等等，这有利于教师及时掌握每个学生每个阶段的学习情况，进行一对一指导，实现因材施教。

### （三）提供多元评价方式

电子书包的出现，能够为学生提供多元的评价方式。教师对于学生的评价与反馈不再局限于面对面的交流，而是能够通过电子平台，在线上进行交流，实现更为及时便捷的师生对话。家长也可以通过电子书包，及时了解孩子的在校表现情况以及作业完成情况，有利于更好地发挥家校共同监督的合力作用，为孩子的成长保驾护航。此外，每个学生也可以根据电子书包的成长记录，进行全面客观的自我评价，甚至通过同学间的互相评价，清楚自己的定位，调整自我的学习状态。这多方面的评价就相当于为每个学生设定了自我成长监督计划，有利于每个学生扬长避短，更好地实现个性化发展。

## 三、电子书包在个性化学习中的实施策略

经过大半年的试点，电子书包在我校两个实验班的实践有了初步成效。对比使用电子书包前的数据，我们发现，学生的学习积极性、课堂专注度提高了，成绩也有了明显的进步，优秀率上升了8%，而低分率下降了5%，这说明电子书包在个性化教育中的作用显著。不过在实践的初期，教师也遇到了一些困扰，比如对电子书包操作不熟悉，加大了备课难度；课堂中如遇到设备故障会拖延上课进度；个别学生对电子书包使用不当，等等。为了更好地发挥电子书包在个性化学习中的作用，真正将电子书包下的分层教学落到实处，结合实践经验，笔者提出以下几点实施策略：

### （一）完善电子书包设备

要充分发挥电子书包在个性化学习中的作用，首先要完善电子书包设备。这包括两个方面的含义：一是完善电子书包的硬件、软件设备；二是完善电子书包的资源设备。电子书包的硬件设备以电脑、手机、手持电子阅读器为基础，尽管不同品牌的设备其制式标准不同，但这些设备都必须具有便于教师教学和学生学

习的优势，这是充分发挥电子书包作用的前提条件。当然，也要完善电子书包的软件设备，要充分发挥电子书包的便捷性，让软件的使用更加人性化、简单化。比如客观题的修改可以设置为自动批改，而主观题的批改可以设置为手写批改而非打字批改，这就能大大减少教师的工作量，提高教师工作的积极性。另外，我们还要完善电子书包的资源设备，丰富的学习资源是学生的个性化发展的最大保障。因此，教师可以在本班的教学云系统中形成一个资源库，在分享教材相关的资源的同时，也可以根据实际情况，分享一些重难点知识的微课、课堂实录和不同层次的拓展性资源，使得学生能够根据自身情况选择合适的资源进行自我提升。

## （二）采用适合个性化教育的教学模式

### 1. 采用分层发布学习任务的教学模式

由于电子书包的便利，教师可以尽可能多地采取分层发布学习任务的教学模式。在课前预习阶段，教师可以给不同层次的学生提供多种形态的相关资源，学生可以根据自己的情况选择资源进行课前预习，比如说基础差的同学可以选择熟悉课本内容，稳固基础；而基础较好的同学可以提前思考难度较高的问题，充分提高自主探究能力。在课堂互动环节，教师可以在考虑学生差异性的基础上，分层发送课堂任务。在课后复习的过程中，教师也可以根据学生上课的实情分层布置作业，并及时将作业结果反馈给学生，让学生能够及时了解自己的情况，调整学习策略。例如在七年级语文《陋室铭》一课中，教师课前根据班里学生情况分层推送了预习任务：基础中、下的同学可以参考教师发送的资料翻译全文；基础较好的同学则要自行翻译全文。在课堂教学的拓展环节，教师根据课堂习题的完成情况的数据分析，给课堂掌握程度较差的同学推送了根据课文内容完成习题的简单任务，给能力较强的同学推送了对比阅读的能力型任务。而在课后的作业布置中，教师将作业分为两类，A 类为背诵类，B 类为仿写类，基础薄弱的学生完成 A 类即可，基础较好的同学则要 A 类、B 类同时兼顾。这一堂课无论在课前、课中还是课后，教师都充分考虑到了学生的个性差异，利用电子书包的反馈系统，实现了分层教学，使得课堂教学快捷高效。

### 2. 采用以学生合作探究为主的教学模式

个性化的发展离不开一个良好的合作交流的环境，学生之间互相交流，在展现自我个性的同时，也能够吸取他人的积极观点和理念，从而促进自我的成长。

因此，教师在课堂教学中，可以多创设学生合作探究的环节，布置小组合作任务，鼓励学生利用电子书包与教师与同学进行交流、探讨。比如在七年级生物《制作并观察植物细胞临时装片》实验课中，教师把课堂的主动权交给学生，学生以小组为单位自行观看教师提供的视频，学习知识点，然后做实验，并通过电子书包拍摄、记录实验结果，上传到班级服务器。个别实验结果模糊的同学可以根据同学上传的资料寻找原因，重新实验，就这样，全班同学在互助互享的过程中完成了知识的学习，真正成为课堂的主人。另外，每一次课堂教学，教师都可以设置一个解疑环节，学生可以实名或匿名将学习上的疑问发到教师的终端，教师将该生的疑问通过白板展示，让全班同学就此问题寻找资料，共同探讨。据实验班的教师反映，这一环节深受学生喜爱。这有利于调动学生的积极性和参与度，在完成任务的同时，也能充分发挥每个人的所长，达到促进个性化发展的目的。

### （三）提高电子书包的合理使用意识

**1. 提高教师电子书包的使用技能**

在利用电子书包教学的过程中，教师对电子书包的使用技能，直接影响到电子书包的教学效果。电子书包提供了很多教学软件和平台，但很多教师对这些软件并不熟悉，部分老教师虽然有丰富的教学经验，但对这类新生事物可谓望而却步、无从下手。因此，学校要定期组织教师进行电子书包使用的培训，提高教师使用电子书包的技能。另外，教师也要转变观念，积极适应电子产品在现代化教学中的运用，做好课前备课、课后跟踪反馈的工作，充分发挥电子书包在促进学生个性化发展中的作用。

**2. 引导学生合理使用电子书包**

电子书包作为紧跟时代的现代化教育手段，深受广大学生的欢迎。但青少年毕竟自控能力较差，在使用电子书包的过程中，可能会出现被某些软件吸引而忽略学习任务的现象。因此，电子书包的使用必须在教师以及家长的监督下进行，避免过分"个性化"带来的弊端。

## 四、展望

可以说，经过国家近十年的试点，电子书包在个性化学习中的优势已经逐渐凸显，但每种新生事物都不可避免地存在一些技术上和观念上的挑战。我校对电子书包的应用也只是处于一个摸索实验阶段，还需要我们不断通过实践去检验和改善。相信未来随着电子书包的进一步成熟和推广，其强大的资源整合调配功能一定能够使个性化教育迈上新台阶。

**参考文献：**

［1］王斌. 电子书包设计研究［D］. 徐州：江苏师范大学，2012.

［2］吴晓超. 电子书包在教学实践中的应用与挑战［J］. 中国教育技术装备，2013（3）.

［3］朱忆梅. 电子书包引入课堂对教学产生的影响［J］. 中国教育技术装备，2011（35）.

［4］张彦彦，孙静. 电子书包在初中课堂教学中应用探究［J］. 中国现代教育装备，2015（10）.

［5］乜勇，刘艳斐. "电子书包"在教学应用中的实践反思［J］. 中国教育信息化，2013（16）.

# 均衡教育背景下减少学生"两极分化"的对策

《国家中长期教育改革和发展规划纲要》指出:"均衡发展是义务教育的战略性任务。"茂名市的初中跟全国初中一样,实行按学区就近入学招生,并实行均衡常态分班,教师公开抽签到班,真正做到公平、均衡。但是,由于学生基础差距大,教师上课很难照顾到每个学生的差异,往往难以实现因材施教,学生之间、班级之间、学科之间很早就出现了明显的分化,使教育教学质量面临着严峻的考验,制约学校健康均衡持续发展。为此,如何减少"两极分化",是均衡教育背景下初中面临的课题。笔者作为教育管理者,结合本校的做法,试从学校层面探讨减少两极分化问题的对策。

## 一、均衡教育初中学生两极分化的新特点

### 1. 分化时间提前

一般而言,初一不分上下,初二两极分化,初三天上地下。但是,现在不用到初二,初一的第一学期末,甚至更早,就出现了明显的分化,学科平均分相差 15 分之多,优秀率相差 20%、合格率相差 25% 是常有之事。

### 2. 分化类型多样化

现在的两极分化不仅停留在学生成绩层面上的分化,还表现在班级和学科的一分三率两极分化以及教师教育教学的两极分化上。好的就越好,差的就越差。

### 3. 分化影响在扩大

两极分化直接影响了学生学习的兴趣、成绩,无形地影响班级的学风甚至学校的教学质量,也在间接影响着学生、学校的持续发展和义务教育均衡健康发展。

造成两极分化的原因较多,既有学生基础不扎实、学习目的不明确、学习方法欠佳和学生学习不够刻苦等内在原因,也有家庭教育理念不当、管理不到位和教师个人素养不高等外在原因。

## 二、减少均衡教育初中学生两极分化的对策

**1. 尊重学生水平差异,实施分层教学**

学生是存在差异的,可能在基础上,也可能在兴趣爱好上,还可能在接受能力上,等等。这就启示我们在教学中,要尊重差异,因材施教,开展个性化教学。为此,学校可根据学生不同的基础和需要,实施分层教学。如每周利用周二、周四下午第6节课和第7节课进行分层走班,开设数学、生物、物理基础班和提升班,学生根据自身情况自愿参加。基础班主要是培养学生学习的兴趣,以基础为主,重视学习方法的指导,实施个性化教育,让学生不掉队。提升班则是以提高学生的能力和素质为主,提出一些稍微复杂的问题,通常是为什么会这样、怎么做等一些难度较大的问题,以满足学生较高的需要和成就感,激发学习热情。

**2. 分层作业布置**

分层作业布置可分A、B类。A类作业是基础类,是全部学生都必须完成的;B类作业是提升类,是中等水平及以上的学生要完成的。这样,就能让学生都有作业可做、能做,既不打击学生学习的积极性,又达到巩固、提升的效果,使学生都能完成作业、不厌学,能有效地减轻两极分化。

**3. 加强集体备课,强化二次备课**

集体备课是发挥大家智慧、集思广益的过程,有利于探讨深入浅出的方式、突出重难点学习,解决学生在疑难点方面的困惑。但在现实中,很多老师流于集体备课的形式,简单应付,没有真正融入集体备课中来。课都没有备好,上课自然就是应付了。学生的兴趣、能力的培养,两极分化的避免或减少就成了一句空话。因此,必须加强集体备课,并形成机制,做到个人钻研与集体研究相结合,共同解决教法、教材疑难;而且,要重视二次备课,在集体备课形成的教案课件基础上进行个性化的处理,打造教师个人教学风格,打造高效的课堂。

**4. 践行"三个三分之一"的教学模式**

学生是学习的主体。在教学中,如果教师只是一味地讲,没有尊重学生,没有注重学习方法指导,不注重学生兴趣培养和习惯养成,势必会让学生感到学习枯燥无味,厌学情绪加重,教学效果低下,从而使得两极分化现象更加突出。所以,在教学中,教师应践行"三个三分之一"的教学模式,即三分之一时间教师

精讲，三分之一时间学生讲、议、练和评，三分之一时间师生互动。实践表明，这种模式深受学生的喜欢，学生学习轻松，对学习热爱有加，成绩提升也很快。

**5. 创新家校合作模式**

家庭教育和学校教育脱节，是造成两极分化的外在因素。苏联著名教育家苏霍姆林斯基认为：没有家庭教育的学校教育和没有学校教育的家庭教育都不可能完成培养人这一极其细致和复杂的任务。这说明只有把家庭教育和学校教育、父母和老师有机地结合起来，形成合力，才能更好地促进青少年儿童健康、快乐、全面地成长。学校可根据学生走读、寄宿的情况，创新家校合作模式，使有效教育落到实处。例如成立家长委员会、义工团、妈妈故事团等组织，开设班级家长QQ群、家长论坛，开展"教师走访千万家"活动等，让老师走进学生家庭，与家长交谈学生在思想、行为、成绩、习惯等方面的情况，并在鼓励学生、肯定学生、促进学生健康成长等方面达成共识，不让任何一个学生掉队。

**6. 引入国学元素，营造良好的育人氛围**

国学是中国传统文化的精髓。良好的学习氛围能感染人、熏陶人、促人上进。学校要打造国学校园，让校园处处弥漫国学气息，成为学习的殿堂，还要开设国学课程，传承国学精髓。

**7. 倡导"补位"**

教育学生应没有班界。"补位"即跳出班界，在一个班没有老师辅导、管理时，其他老师补上；在一个同学需要辅导而又找不到其任课教师时，其他老师补上，充当辅导角色。这样的"补位"能够很好地解决班级没有老师管理时可能出乱的问题，也能及时解决学生在学习、心理等方面的困惑，促进学生进步。其实，这更是在营造一种教育团队力量，减少两极分化的现象，达到共赢、共进、圆梦的目的。

减少两极分化，促进义务教育均衡健康发展，需要学校作坚持不懈的努力，也需要社会、家长和学生的共同努力和配合。

（此文发表在 2016 年第 7 期《师道·教研》上，有改动）

# 开展家校互动，促进素质教育

近年来，我校积极开展家校互动，构建和谐的家校关系，使广大家长成为实施素质教育的得力助手，学生得到全方位的培养，教学教育质量稳步提高。以下为我们的一些做法和经验。

## 一、组建家长委员会，家校互动合作

在了解学生家庭教育状况的基础上，通过自荐、推荐、选举等办法，吸收一批积极参与学校教育教学工作的家长骨干成为家长委员会的成员，建立年级、校级家长委员会，自上而下形成一个网状的家校协作教育组织，实现资源共享、互动合作。家长委员会能及时把家长对学校教育教学的建议及家庭教育的一些要求向学校领导、班主任、任课教师反映，同时学校也会通过家长委员会，把学校老师对学生的要求、教育意见、注意事项等向家长转达，家长委员会起到桥梁和纽带作用。家长委员会既减轻了学校和教师的负担，又调动了家长的积极性。家长委员会不仅是家长学校工作的热心支持者，更是实施教育的得力助手。

## 二、建立家长义工团，创新家校互动模式

家长义工团是家长联系学校、支持和参与学校教育活动的群众性志愿组织，是家校合作的重要平台之一，是在学校引领下自主组织和开展活动的，能充实学校教育活动。家长以身作则服务社会，对学生成长发挥重要作用。家长义工团可以组织全校家长、教师和学生共同参与美化校园活动以及社会实践活动。由全班家长、师生自行设计组织班级文化建设、家庭教育方法座谈会等，使教师和家长、老师和学生、家长和孩子有更顺畅的沟通，对学生有更个性化、更具体的指导。让学生在跟父母、教师一起劳动中、一起社会实践中学会沟通合作，学会做人做事，学会承担责任。

## 三、定期召开家长会，使教育更有成效

每个学期中段评估结束后，每班都召开一次由全体教师、家长共同参加的会

议。学校把本校的工作计划、学生的学习情况通报给家长，教师把本学期的教学计划、采用的教学方法、时间的大致分配、对学生的具体要求等全部告之家长，以便家校之间更好地配合。各年级各班还对学生进行分层教育，将学生隐性分层，因材施教。分别召开不同层次的家长座谈会，教师和家长共同面对现状，商讨学生、子女的教育问题，制定让学生进步的可行性方案，张扬学生个性，共建学生健康成长的社会环境。家校联手，共同努力，促使每个学生在原有的基础上能得到最大限度的提高。学校还可发挥学生家长的教育潜能，根据教学需要，让学业优秀及进步较大的学生的家长，在家长会上分享教育子女的成功经验和案例，做到资源共享，使家长受益匪浅，使教育更有针对性、更有成效。

### 四、精心组织家访，使情感教育落到实处

家访是教师了解学生家庭生活、培养师生感情、拉近家校距离的重要途径。我校积极开展"教师走进每位学生家"活动，全体教师走出校门，走进千家万户。班主任和科任教师每周走访一至两户学生家庭，一学期走遍班内所有学生家庭。老师和学生一起买菜、做饭，和家长拉家常、谈孩子。这样，教师更能走近学生、了解学生；学生也更能体验到老师的关爱，乐于把心声向老师倾诉；家长也会用新的眼光更客观地评价自己的孩子。这种情感教育使学生信任老师，使孩子尊重家长。另外，针对独生子女教育等问题，老师带着经济条件好的家庭的家长领着孩子，到经济条件不好的家庭做客，开展互助互帮活动，使家庭之间建立友谊，学生学习结成对子。这样，学生领会到兄弟姐妹情，学会关爱社会，激励自己不断进步。该活动使学校教育、家庭教育更具有针对性，更容易挖掘孩子的个性和潜力，家校真正形成了"合力"。

### 五、开展家校活动，形成家校互动的文化氛围

（1）学校开展开放日活动，家长可以到校参加孩子的一天活动，了解孩子的学习、生活、班级情况，更能和教师、班主任、校领导和其他家长零距离接触，一起启发、引导和鼓励孩子。

（2）校园文化艺术节可以邀请部分家长参加，对于那些平时成绩不太好、却有着其他专长的学生而言，可借此机会让家长看到子女自信骄傲的一面，改变家长对子女的看法。

（3）学校开展家校互动专题活动，如"向爸爸妈妈诉说心声"活动，教师向每位家长写一封公开信，建议孩子帮父母亲洗一次脚，送爸妈一张自制的贺卡等，使家长们看到孩子的优点，也看到孩子的缺点，理性地认识自己的孩子，更好地引导孩子承担责任，思考人生。通过家校活动的开展，教师和家长的关系更密切和谐，育人氛围更浓厚，真正使学校、家庭、社会形成育人同向合力，形成共振。

通过家校互动这一平台，让教师走进每位学生的家庭，让家长走进学校、走进教室，教师和家长面对面、心贴心地交流。家校同行，师生同心，学生得到全面的培养，取得了良好的教育效果。

（此文发表在 2014 年第 10 期《师道·教研》上，有改动）

# 现代教育技术在课堂教学中的运用

新课程标准下的课堂教学不仅离不开先进教学理念的指导，还要将先进的现代化教育技术应用于课堂教学，使新课程标准所倡导的师生互动、自主探究等得以实现，从而提高教学质量。

## 一、实施探究、互动式教学

例如在上初中物理《电流表》一课中，学生通过自己动手操作和人机对话，主动掌握电流表的接线柱、量程、连线、使用方法、注意事项等教学内容，老师可以根据学生的掌握情况进行个别辅导。这样，既突出学生的主体性，又充分体现了老师的启发、引导作用，大大提高了教学效率。又如在上数学课《图形的平移与旋转》中，可在课堂上播放《魔戒3之王者归来》中的攻打城堡片段，让学生分析该影片中哪些电脑制作图形是平移，哪些是旋转，学生情绪高昂，教学任务在学生主动参与中顺利完成。

## 二、实现教学反馈方式的革新

有经验的教师总是要通过各种方式来了解教学效果，根据反馈信息及时调整自己的教学，这种调整越主动、时间越早，学生的收益就越大。现代教育技术提供了多种信息反馈方式，而且具有反馈速度快、表现形式丰富的特点。IT或CAI辅助教学很容易实现一问一答的反馈，学生可以及时了解自己掌握知识的情况，教师对学生的学习情况可以及时评价。电子邮件、公告板、讨论区、网上传呼等也是信息反馈的重要工具。例如在初中物理《物态变化》的复习课中，通过CAI课件建立题库，学生可以选择相应难度的试卷和问题，通过自动评分进行学习反馈，并对没有掌握的问题进行重新学习。

## 三、创造和谐教学环境

例如在讲授《林黛玉进贾府》时，可选择最佳的媒体（IT），将文字、图表、声音、动静态图像集成在一起，构成教学软件，创设一个界面清晰、交互性强的教学平面，并按照大纲的要求安排重点、难点，在充分讲授课文重点内容的基础上，充分发挥网络优势，大量增加相关知识，开阔学生视野。学生可以根据自己的知识程度和能力，或根据自己的学习爱好和目的，利用超文本的结构形式，在各内容间方便地实现交叉跳转，灵活选择学习的内容和等级，确定学习的起点，从难度和速度上进行选择和自我调控。在这种和谐的教育环境中，师生关系融洽，学生乐于发表自己的意见，从而提高学习效率。

又如，指导学生写作以景物描写为主的记叙文《校园一角》时，除了上课前要求学生观察校园的景物外，我们还把喷水池、生物园、文化长廊等景物拍摄下来，制成幻灯片。上写作课时，按顺序放给学生观看。当镜头对准喷水池时，映入学生眼帘的先是向上喷射的一股水流，然后是四处飞溅下落的纷纷扬扬的水花，水花在阳光照射下，晶莹剔透……在这个过程中，镜头移动顺序先是自下而上，再自上而下；当镜头对准生物园时，鲜花绿草，鸟语蝶飞，朵朵花儿争妍斗艳，红、黄、绿、蓝……五彩缤纷，镜头角度是由静态转向动态。这纷繁精彩的画面既让学生从中领略到勃勃生机的自然美景，又让学生掌握了观察事物的顺序与角度，从而使学生对写景状物有了明确的"序"的概念，进一步学会谋篇布局，有助于提高学生的写作能力。

### 四、开展虚拟现实教学

计算机领域里的虚拟现实技术正在快速发展，并开始在辅助教学中得到应用。虚拟技术以电子信息装置取代原有的感知对象，具有其他方法难以比拟的优势。例如，计算机芯片的结构相当复杂，且体积小、密度高，难以观察和了解它的构造，更难以直观了解数据是怎样在其中流动的，虚拟技术可以让学生"走进芯片内部"，亲自观察"数据流动"。学生在这种虚拟技术营造的教育环境中学习，各种感官被充分调动起来，思维活跃，更能积极地参与到教学过程中。又如，在讲《电磁感应现象》时，利用媒体虚拟技术，模拟闭合电路的部分导体做切割磁感线运动的物理图景，学生可以清楚地观察到这种物理现象，加深对电磁感应的理解，掌握导体做切割磁感线运动的规律。

（此文发表在 2005 年第 15 期《广东教育》上，有改动）

# 信息技术在新课标课堂教学中的运用

新课程标准下的课堂教学关注学生学习过程与方法,以及情感、态度、价值观;强调要在学习知识的过程中潜移默化地影响学生的价值观、人生观、世界观;注重激发学生的学习兴趣,体现学生的自主学习,增强学生的主动参与性;注重培养学生的思维能力、实践能力、创造潜能;更加突出培养学生的合作交流、集体协作精神。这不仅需要先进的教学理念,还要把先进的信息技术应用于课堂教学,营造"师生、生生、人机互动,强调学生的主动性和创新能力"的课堂教学环境,使新课程标准所倡导的师生互动、自主探究、研究学习等得到实现,从而提高教学质量。

## 一、信息技术能提供全新的"主动探究、互动"教学方式,使学生真正成为学习的主人

学生只有通过自己实践和感知,发挥自己的主观能动性,才能把知识学好。信息技术通过声、光的有机组合极大地刺激了学生的感官意识,能构建"展示事物现象—学生发现问题—提出问题—解决问题—总结结论"的思维过程,这非常符合学生的认知规律。教师在整个教学过程中,始终处于"引"和"导"的位置。而信息媒体则是优秀的引导平台,它不需教师多费口舌,教学内容就可通过媒体直观、形象地展示,发人深思,唤起学生探究的欲望,在主动探究下使知识得到了升华。

例如,在上初中物理《电流表》一课中采用师生互动的教学方法,学生通过自己动手操作和人机对话,实现了教与学的双向交互,促进学生眼、耳、手、脑并用与学、思、练相结合,学生把电流表的接线柱、量程、连线、使用方法、注意事项等教学内容置于自己的控制之下,这就意味着学生自己控制和掌握了学习的主动权,老师可以根据学生的掌握情况进行激情引导、个别辅导、肯定鼓励。这样,突出了学生的学习积极性,充分体现了老师的启发、引导作用,大大提高了教学效率。

又如在上数学课《图形的平移和旋转》中,在课堂上播放了《魔戒3之王者

归来》的攻打城堡片段，学生一看到这么精彩的电影，个个都精神抖擞。这种直观、形象、生动的教学内容极大地刺激了学生的感官。在分析该影片那些电脑制作图形是平移还是旋转时，学生都能异口同声地说出那个图形是怎么移动的，从而使教学任务在学生主动参与中顺利完成。

## 二、信息技术的运用，丰富了教学的反馈方式，有利于实现因材施教

一节课不在于老师讲了多少，关键是在于学生学到了多少、真正掌握了多少，这也反映了是否真正把学生的学放在教学的主体地位。有经验的教师总是要设计各种方式来了解自己的教学效果，并根据反馈的信息及时调整。这种调整越主动，时间越早，学生的收益也就越大。少教多学就是通过减少规定性、增大选择性来给学生以独立有效思考的时间。信息技术提供了多种信息反馈的方式，其特点是信息反馈速度快，表现形式丰富。IT或CAI辅助教学很容易实现一问一答的反馈方式，学生可以及时了解自己掌握的情况，对不清楚的问题再学习；教师对学生的学习情况可以及时评价，提出意见与建议。还可以利用其他的技术功能，如电子邮件、公告板、开辟讨论区、网上传呼等，实现学习信息的反馈。例如在复习《物态变化》的一节课中，我们通过CAI课件建立题库，学生可以选择难度适合自己的试卷和问题，计算机能够自动评分、提供学习反馈，学生对没掌握的问题进行再学习，突出了教与学中学生的学。利用讨论区进行师生交流，是达到因材施教目的的有效方法之一。

在这个模式中，多媒体网络的应用为每个学生提供了主动参与整个教学过程的机会，扩大了班上学生的参与面。媒体的设计和使用做到让每个学生都能根据自己的需要和适合的方式进行探索学习，学生作为认知主体进行学习，通过自己的探索而获得知识，从而激发了学生的学习兴趣，增强了学生的自信心，提高了学生学习的能力。

## 三、信息技术能创造良好的教学环境，促进学生能力的培养

新课程标准一个重要内涵是要重视学生能力培养，这种能力是广泛的、持久的，是受益终身的，而不是在应试教育下的经过教师千百次重复训练的解题能力。著名教育家叶圣陶先生有句名言："教是为了不教。"一个好的教师不仅要善于传播知识，更主要的还是要教会学生主动猎取知识、运用知识。信息技术能创造和

谐的教学环境，促进学生能力的培养。

例如在讲授《林黛玉进贾府》时，我们充分利用了这一优势。运用信息技术，将文字、图表、声音、动静态图像集成在一起，构成教学软件，创设一个界面清晰、交互性强的教学平面，使内容更充实、更形象、更具吸引力，并按照大纲的要求安排重点、难点，而且要求适度，在充分讲授课文重点内容的基础上，增加相关的知识，充分发挥网络的优势，大大开阔了学生的视野，并有助于学生对重点、难点的理解、突破。学生可以根据自己的知识程度和能力，或根据自己的学习爱好和目的，利用超文本的结构形式，能在各内容间方便地实现交叉跳转，方便自己选择学习的内容和等级，确定学习的起点，从难度和速度上进行选择和自我调控。这种良好的教学环境，学生避免了来自教师、同学等方面的压力，师生关系融洽，学生轻松上阵，乐于发表自己的意见，从而提高学生的学习热情和学习效率，使学生的智力和能力得到锻炼和发展。

又如指导学生写作描写景物为主的记叙文《校园一角》时，除了上课前要学生观察校园的景物外，我们还把喷水池、生物园、文化长廊等景物拍摄下来制成课件，上写作课时，按顺序放给学生观看。当镜头转向"喷水池"时，映入学生眼帘的先是直冲而上的一股水流，而后是四处散溅下落的纷纷扬扬的水花，在阳光照射下，晶莹剔透、虹雾闪烁；当镜头对准"生物园"时，鲜花绿草，鸟语蝶飞，朵朵花儿争妍斗艳，红、黄、绿、蓝……五彩缤纷。

这纷繁精彩的画面既让学生从中领略到勃勃生机的自然美景，又让学生掌握了观察事物的顺序和角度，从而使学生对写景状物的文章有了明确的"序"，有效地帮助学生解决怎样布局谋篇的问题，从而提高学生的写作能力。

### 四、信息技术能虚拟现实，大大提高学生学习的趣味和效率

计算机信息领域里的虚拟现实技术正在快速发展，并开始在教学中得到应用。虚拟技术以电子信息装置取代原有的感知对象，具有其他方法难以替代的优势。例如，计算机芯片的结构相当复杂，且体积小、密度高，难以观察和了解它的构造，更难以直观了解"数据是怎样在其中流动的"。而虚拟技术可以在感觉上能让学生"走进芯片内部"，亲自观察"数据流动"。学生在这种虚拟技术营造的教育环境中学习，各种感官被充分调动起来，思维更活跃，更能积极地参与到教学过程中，大大提高学习的兴趣和效率。如在讲《电磁感应现象》时，利用虚拟技术，

模拟"闭合电路的部分导体做切割磁感线运动"的物理图景,将这个物理过程形象而生动地展现在学生面前,能激起学生探索新知识的欲望,学生可以清楚地观察到这种物理现象,加深"电磁感应"的理解,较容易地掌握"导体做切割磁感线运动"这一规律。学生在这种虚拟技术的教育环境中学习,降低了学习的难度,打破了科学创造的神秘感受,将"乐趣"升华为"志趣",使探究活动更为有效,更具趣味性,更能创新。

(此文作者为彭志洪、邓超,发表在2005年第10期《教育信息技术》上,有改动)

# 运用现代教育技术促进学校德育工作

现代教育技术能创设情景，提供生动、形象的德育环境，这与学生直观思维的特点相吻合。它把各种理念、各种信息以直观动态的图像展现在学生面前，引导学生去观察和理解各种事物，在轻松愉快的气氛中获得信息，使德育教育内容鲜活、丰富，学生容易接受。用现代教育技术传播信息有多种多样的方式，包括图像、音乐、语言、行为、心理等信息的传递。信息魅力越大，接受者的兴趣越浓，印象越深刻，教育效果会越好。如何通过现代教育技术促进学校德育，现谈一谈具体做法。

## 一、通过广播系统、闭路电视系统，开设系列学校德育专题讲座

把握学生思想脉搏，紧密配合社会形势，针对不同年龄段学生品德教育的目标和具体要求，通过广播系统、闭路电视系统，开设"行为规范""爱党、爱国、爱人民""国情教育"等系列的学校教育讲座，教育学生明辨是非，认清好坏，提高思想政治水平。例如：以《科学发展史》VCD为教材的永远追求科学的专题教育；以《中学生行为规范》《文明礼貌》等录像片为主要内容的行为规范专题教育；以《鸦片战争》《甲午战争》《火烧圆明园》《开国大典》等历史题材的录像、电影为主要教材进行"勿忘国耻，爱我中华"的专题教育；以奥运健儿为国争光的拼搏精神的录像进行指导和教育；以争做"三好学生"和为学校争光为主要内容的专题教育等。在实施专题教育时可设计"观、导、论、访、写、行"等环节来取得良好的教育效果。

## 二、利用现代教育手段，推进课堂德育的深化

教书育人，班主任、政治课教师、科任教师在课堂上根据教学内容对学生进行思想教育，是学校进行德育的主渠道。利用现代教育技术手段，创设各种情景和场面，使思想教育内容生动、形象、直观，从而激发学生的学习兴趣，以收到好的教育效果。如班主任上主题班会，通过以"抗洪""奥运精神"等为主题的

录像进行人生观、价值观教育；政治教师选择一些重要精神和国内外形势等有关的电视、广播内容进行时事政策教育；历史教师选择著名历史典故、重大史实的电视教材进行爱党、爱社会主义教育；音乐教师选择革命歌曲，地理教师选择《黄河》《长江》等录像进行爱国教育；美术教师通过投影、电视等画面中的构图、用光、取景、色彩等对学生进行潜移默化的美育教育等。

### 三、通过现代教育手段，促进校园文化建设

校园文化建设，是德育工作的重要方面。社会文化环境不良，就会对学校德育产生负面影响，社会消极面大，就会抵消学校的正面教育。这种状况需要党政领导及时采取措施整顿治理。但是，利用现代教育手段促进校园文化建设完全可以抑制社会的不良影响，引导学生积极向上。如利用摄录设备，录制中央电视台新闻，剪辑成《一周要闻》；把镜头对准学生身边的事，对准师生中的好人好事，制作成《校园新闻》电视节目；以及选择百部爱国主义电影，每周定时利用学校的闭路电视系统向全校师生播放。此外，学校的广播可以按时播放新闻、诗歌、爱国主义歌曲，转播中央电视台新闻等，多渠道进行正面影响，对学生进行思想政治教育。这些活动不但丰富了学生的生活，活跃校园文化，而且能优化育人环境，陶冶学生情操，促进良好的道德品质的形成。

### 四、通过计算机网络系统，建立学生思想"网络防火墙"

21世纪的信息时代，计算机网络使用相当普遍，学生很容易得到正面信息的同时，也容易受到黄色、暴力、魔幻、反动等有害信息的侵蚀。在计算机网络系统中可以架构德育信息平台，构筑学生思想"网络防火墙"，提高学生信息素养。如组织有关教师构建德育网、开设"心灵驿站""师生话题""家长园地"等栏目，利用网络开通师生思想交流渠道，让正面的思想道德教育占领网络阵地，引导学生正确上网，自觉抵制网络上有害信息，接受有利于自己成长的信息，使学生的思想品格、道德情操得到升华。

### 五、依托信息技术，规范德育管理，实现德育管理的现代化

一是利用校园网，建立学生考勤、住宿档案系统和德育追踪管理系统。学校建立了网上学生考勤、住宿管理系统。班主任和考勤员只拥有录入和查询本班情

况的权限，政教处凭密码可了解全校学生的动态，提出表扬对象和整改意见，实现常规政教管理的现代化。二是建立学校联系电子信箱。学校在接通互联网以后，开放了一个学校联系电子信箱，学生家长可以通过电子邮件反映他们的意见和建议，使学校能及时掌握学生的家庭教育情况，这对学校的教育改革帮助很大。三是建立学生心理档案系统和测试系统，实现网上心理咨询。学校组织心理学专业教师、名教师在线开展心理指导工作，学生通过网络与指导老师进行交流和谈心，教师能及时帮助学生排除心理障碍。由于网上交流有很大隐蔽性，学生不用露面，也可以匿名，这样就可以大胆说出自己的隐私和心理疾患，通过自身的努力和老师的指导，求得心理平衡。据统计，我校已接待的咨询者达到 1000 多人次，其中有早恋倾向的咨询者就有 100 多人次，而通过教师的说服教育，有 100 多名学生对早恋的危害有了正确的认识。

综上所述，只要全校各部门通力协作，通过现代教育技术和手段，可以把学校思想政治教育工作系列化、规范化和科学化，把德育教育提高到一个新的层次。

（此文发表在 2005 年第 8 期《南方论刊》上，有改动）

# 中美质优生培养的对比和反思

综观如今的教育形势,世界各国的竞争归根到底是人才的竞争。培养什么样的人才,如何培养人才,成为各国教育的关键。我国颁布的《国家中长期教育改革和发展规划纲要(2010—2020年)》把人才培养、育人为本作为最核心的问题。然而,在满足"量"的基础上,如何实现"质"的提升,真正培养出优秀的具有创造力的人才,成为我国教育必须思考和解决的问题。笔者最近到美国学习时发现,美国十分注重学生的个性发展,尤其关注质优生的培养,这对我国质优生的培养有一定的借鉴作用。

## 一、质优生的定义和特点

所谓质优生,是指在智力、学术能力及创造力、领导力和艺术领域中的一个或多个领域具有卓越表现或发展潜力的学生。故质优生既包含那些先天就具有较高禀赋或潜能的人,也包括在教育、环境等后天因素影响下具有较高能力或表现的人。一般来说,质优生具有以下两个特点:

### 1. 有较强的学习能力和创造能力

质优生基本具有较强的环境适应能力和学习能力。在各科目的学习中,通常能够凭借端正的学习态度、正确的学习方法长期处于学习尖子生行列。因此,简易内容的学习往往不能满足其求知欲,在课堂上的求知若渴使得他们在课外会主动涉猎更多的知识,因而知识储备量也往往高于普通学生。此外,质优生通常也具备较强的创造能力。他们善于思考、观察敏锐,追求独立的人格和个性化发展,同时注重探究、注重反思,因而往往能够突破传统,在各个领域有所创新,大放异彩。

### 2. 积极进取,有一定的领导能力

不难发现,在校园内的质优生总是对生活充满积极的进取心,他们目标远大、动机明确,有较强的自主学习和发展自我的意识,凭借出色的表现能在某一方面有所建树。此外,质优生在同龄人当中,通常具备较强的领导能力,他们能清晰

地表达自己的想法，与别人有良好的沟通。能快速地将事物、人和情况加以组织并找出它们之间的关系，因此，他们往往能在团队合作中充当起领导人的角色。

## 二、结合美国教育对质优生培养的反思

资优教育，也就是关于质优生的培养教育，在世界范围内已经是一个比较成熟的教育领域。当前，许多国家都积极开展相关研究，制定资优政策，以推动本国资优教育的发展。其中，尤以美国资优教育的理论、政策和实践发展最为成熟。这次美国之行，我们参观了美国的许多小学、初中、高中和大学，发现其采取的走班教学、分层辅导、项目研究、人文社科类的课程、社会实践活动和社区服务活动和大学选修等措施对培养质优生有良好的作用，这也给国内质优生培养带来一定的启发和思考。

### 1. 对教育制度的反思

教育政策的支持是教育实践开展的基本保障。综观不同国家的培养质优生的政策可以发现，支持性政策是保障资优教育顺利发展的前提。美国有招收质优生的私立精英学校和公立优质学校，这些学校都以考试成绩为主综合选拔学生。除美国外，英国的"中学"、法国的"完全中学"也是实施质优生教育的典型。可见，很多国家都意识到成立专门的质优生教育机构对实施资优教育的重要性。除此之外，美国大学对学生的选拔不仅仅看成绩，对个别在某些方面有突出禀赋的学生给予提前进入大学学习的机会。在大西洋大学亨德森学校，学生在高中可以修得很多大学学分，有的甚至修满大学学分，在高中毕业时已经拿到大学文凭。美国灵活而自主的大学招生制度孕育了美国灵活的基础教育，学生能根据自己的实力选择不同的学校，在不同的学校里选择适合自己的发展道路，各得其所，体现的正是孔子所提倡的因材施教的教育理念。相比之下，我国教育政策层面对质优生教育的关注较少，缺乏支持质优生教育的支持性政策，对质优生的选拔形式也比较单一，只是个别学校有意识地加大对质优生的培养。在缺乏政府政策监管的情况下，民间的自发性行为容易流于形式，且缺乏有效的监督管理。因此，政府应该承担起主导型责任，尽快制定政策以推进质优生教育的发展。同时，学校也应该有意识地完善质优生的培养制度，为质优生提供适合其发展的平台。

### 2. 对学校课程设置的反思

课程是质优生教育实施的核心，培养质优生的目标也需要通过具体的课程加

以实施。质优生大多在某一个科目或者某一个领域有突出的成就或者发展潜力，国家颁布的课程大纲显然无法满足他们的要求。因此，构建适合中学生潜能发展的丰富且有挑战的课程体系尤为必要。具体而言，应该从两方面入手：

（1）重视品格教育。

质优生是国家重要的人力资源，承担着建设祖国的伟大重任。而中学阶段恰恰是学生世界观、人生观、价值观形成的重要阶段，因此，对质优生进行思想指导尤为重要。美国的中学教育不仅考察单纯的文化知识，而且考察学生的情感态度和价值观，其课程既包括人文社科类的必修与选修课程，也包括各类社会实践活动和社区服务活动。我国的教育也应该体现教育的社会性和价值性，加强对学生思想品德方面的教育，多开设形式多样的人文课程，增强学生的社会意识和历史责任感。

（2）重视差异教育。

对于普通学生来说，质优生是特殊群体，而在质优生当中，也会存在着个体的差异。因此，学校应该针对学生的差异性，开设多样化的课程。在美国，中学课程的设置类似于中国的大学，除了必修科目外，学校还开设很多的选修科目，学生可以根据自己的特长和兴趣选择自己的选修科目。这就有利于学生发挥所长。虽然中国的基础教育在短期内无法实施这种模式，但学校可以有意识地开设丰富的课程，让质优生能够接触不同学科的知识，在自己感兴趣的领域或优势学科领域进行探索，进一步发挥自己的才能。

美国教育中的走班制模式，我校在成立之初就已经开始尝试，现已初见成效。我校根据学生不同意愿和个性，开设第二课堂，采取"走班制"授课，实施分层教学，因材施教，加强对学生薄弱科目的辅导，培养学生的学习兴趣，发展学生思维，培养学生能力，真正达成了让优等生更拔尖、中等生实现质的飞跃、潜能生不至于掉队太多的教育愿景。如数学提高班的开设，就为数学成绩中等的学生提供了一个提高的平台。此外，初中三年分别按"养成教育、担当教育和前途理想教育"的规划进行系统教育，为全体学生全面可持续发展打下坚实的基础。

### 3. 对教师能力建设的反思

振兴民族的希望在于教育，振兴教育的希望在于教师。教师在教育发展过程中的重要作用不言而喻。培养高素质的教师是推动质优生教育的重要一环。

在美国，各个地区都有一套详细而完整的教师评价标准，对教师的评价是全面和全方位的，其包含了对教师的过程性评价，即通过常规检查和听课来评价教师的日常教学情况；也包含了对教师的目标性评级，也就是看教师的教学是否达到了事先制定的目标；还包括了对教师的结果性评价，也就是教师的教学成绩、学生的发展状况等，尤其注重学生对知识的运用能力。学校的老师可以去大学选修任何课程并做研究，做学习型的老师。可见，美国对教师的培训和选拔的要求十分严格。这就为质优生的培养提供了资源保障。

相比之下，我国在资优教师能力建设和专业发展方面存在不足，从事质优生教育的教师一般是学校原有师资。因此，教师应努力提升自身素质，除了具备渊博的学科知识、过硬的教学能力和教学技能之外，还应该主动了解质优生的身心发展特点，有意识地为质优生设计满足其发展需求的课堂活动。此外，教师还应该从实践中培养自己的创新意识和创造能力，通过研究培训、学术交流等形式提高自身素养，争取以优促优质。

**4. 对教学媒介的反思**

在美国，电子产品作为教学辅助工具已经十分普及，借助科技的力量和科技的学习来激发学生的学习兴趣，从而促进学生学业成绩的提高的做法非常普遍，或许这与我国现在全力推进教育现代化有异曲同工之妙。比如在埃斯特奇科技初中，各学科都在运用电脑、平板电脑等信息技术手段进行辅助教学和辅助学习，教师的教学内容和对学生的评价，以及学生的学习状况都可以通过信息技术即时呈现，教师可以在第一时间了解学生的学习情况，从而及时调整自己的教学策略。此外，采用信息技术也可以大大提高学生的学习兴趣以及培养学生的自主学习能力。

在我国，由于地区教育的差异，这种新式的教育媒介还没有办法完全普及。然而，针对质优生的培养，可以借鉴美国的做法。由于质优生通常都具有良好的行为规范和自我约束能力，因而可以很大程度地避免科技产品在分散学生学习注意力方面的反作用。老师可以通过信息技术向质优生布置个性化的任务，并回答学生的提问，提供个性化的指导。此外，学生遇到疑问，可以利用电子产品自主查阅资料，培养独立解决问题的能力。这就大大地提高了质优生的学习效率。

**5. 对培养学生创造力方面的反思**

美国的学校比较注重培养学生的创造力，课堂氛围比较轻松，学生能够各抒己见、畅所欲言。同时，教师很注重引导、刺激、拓展学生的好奇心，鼓励学生积极探索，打破权威。在课堂上，教师会刻意培养学生对问题的自我探究能力和解决实际问题的能力。而中国的教育往往采取填鸭式的教育模式，认为什么东西都可以通过"传道授业"的方式去传递给学生，学生在整个"教"与"学"的过程中一直处于被动的状态。长此以往，在规规矩矩的学习中，在"饭来张嘴，衣来伸手"的灌输式教育中，学生自我思考能力就会逐渐减弱，主体意识和自主精神也随之变得淡薄，学生的个性和创造性思维也得不到很好的发展。

现在美国正流行的鉴赏教育就是为学生可持续发展量身定制的。它注重从六个环节去激发学生的内在学习动机：一是在与学生的平等相处中建立彼此信任的关系，让学生打开心扉；二是引导学生探索反思，发现自身的亮点和兴趣点；三是帮助学生建立自己的梦想，为自己的人生建立目标；四是帮助学生制定发展规划，让学生知道每一步该怎么走；五是指导学生实施规划；六是鼓励学生挑战自我，大胆走出去，实现自己的理想。

创造力是一个国家可持续发展的保证，对质优生创造力的培养尤为重要。中国的教育要想跟上美国的脚步，首先得解决创造性的问题。创造性就像种子一样，是需要在一定的环境下才能发芽成长的，过早地否定学生的思维，会让他们在很多情况下自我否定，自我的想法都被否定了，就更不用谈大胆创造了。因此，学校和家庭都应该为质优生营造一个更加开阔的空间和平台，采取鼓励式、欣赏式的教育方式，允许差异和个性的存在，激发质优生的潜能，为我国教育事业输送一批批创新型人才。

美国作为一个教育强国，在教育上的闪光之处，是其开放自由、鼓励创新、分层教育的理念。这对我国中学质优生的培养有一定借鉴作用。相信我国在结合国情的基础上，吸收外来优秀的教育理念，定能在资优教育上走上康庄大道。

（此文发表在 2017 年 1 月 16 日《茂名日报》上，有改动）

# 第二部分

# 演讲者·激励的艺术

# 编织理想，勇攀高峰

尊敬的各位来宾，亲爱的老师们、同学们：

大家早上好！又是一个阳光明媚的金秋时节，带着对暑假生活的美好回忆和对新学期的向往，我们又回到了学校。这个学期，我们迎来了朝气蓬勃的七年级新同学，他们的融入让我们这个大家庭更加充满生机和活力。在此，我谨代表学校领导集体向新老师、新同学表示热烈的欢迎！

老师们、同学们，刚刚过去的一学年，是拼搏与收获同在、付出与回报并存的一学年。在上级领导的关心和支持下，在学校党政的领导下，全体教职工通力合作，以创办一流品牌学校为目标，扎实工作，取得了显著的成绩。我校 2015 年生物、地理中考取得优异成绩：①生物科达"A"人数 715 人，达"A"率为 55%；②地理科达"A"人数 729 人，达"A"率 56%；③生物地理两科达"双A"人数 628 人，双"A"率接近 50%；④生物满分达 95 人；⑤地理满分达 11 人；⑥林建珊同学生物地理双科满分。一中附校一直坚持使每一位学生都拥有快乐，学会创造，学会做人；让每一位老师都爱岗敬业、爱校如家、团结和谐。

为此，允许我向老师们提出几点希望：

（1）各位老师要树立品牌意识，每个人都要从学校发展、生存的高度，高标准，严要求，大家要坚持四个"始终"——始终有一个在事业上追求的目标；始终有一个终身学习、不断完善自我的意识；始终有一个负重奋进、争创一流的恒心；始终有一个勇于吃苦、忍让容人的胸怀。努力追求内在修养与外在形象的统一，爱护学校声誉，打造学校的良好形象，为学校持续发展奠基。

（2）教师要以身作则，在学习行为与学习习惯上成为学生的典范，做学生健康成长的指导者和引路人。既"照亮"学生，又幸福了自己。这不仅需要教师的学识，更需要教师的人格魅力。正如德国学者林德所言："真正能教导学生的就是教师的人格，而不是所谓的教学方法。"所以，希望大家以爱心待学生、以热心待家长、以诚心待同事、以尽心待事业、以信心待自己，热爱生活、热爱工作。

（3）教师要以备课组为单位精心备课、选择练习题，要给学生提供适当的家

庭作业，教师要引导学生从最基础的事做起，上好每一节课，考好每一单元，让学生有一个厚实的学科基础。

对于同学们，我提出以下要求：

七年级新同学步入中学，就是人生中的一个新起点，中学阶段是人生历程中十分关键的阶段，希望同学们珍惜这最为珍贵的年华，在老师的指导下，严格遵守学校的规章制度，学会学习，学会做人，明确目标，珍惜时间，把在小学阶段养成的好作风、好纪律、好品质带到你们的学习和生活中，为今后的发展奠定扎实的基础。

八年级同学，你们处于初中承前启后的年级，是人生思想形成的重要时期。你们的学业已经进入了知识和能力大幅度提升的关键时刻，我真诚地希望每一名同学都明白这一点，努力克服学习行为上的惰性和智力行为上的惰性，注意知识的储备与品德的提高。八年级的同学即将面临生物、地理中考，同学们一定要珍惜时间，合理分配学习时间，有计划、系统地学习，在中考中蟾宫折桂。

九年级毕业班的同学们，此时的你们，汇聚着老师们更多关切的目光，倾注了老师们更多的心血，你们将承载着学校和家长的希望，开始最后一年的冲刺。希望你们利用一切可以利用的零散时间，坚持不懈地努力学习，明年以优异的中考成绩向母校交上一份满意的答卷。

同学们，你们从稚嫩走来，正向成熟走去。如果明天是一座摩天大厦，今天就是奠定大厦的基石。让我们珍惜今天的一分一秒，把这大厦的基石打牢。让我们背负着父母的重托艰苦跋涉，一边告别昨天的幼稚，一边编织明天的理想，向着一个又一个意识、品德、情操、知识的高峰攀登。老师们、同学们，让我们在心中的沃土上播种希望，洒下真情，奉献智慧。我深信，凭着我们的赤诚，凭着我们的努力，我们的明天会更美好，一中附校的明天会更辉煌！

（2015—2016学年第一学期开学典礼发言稿）

# 给力附校，再创辉煌

尊敬的各位老师、亲爱的同学们：

早上好！告别了祥和愉快的新春佳节，迎来了新的学期。值此机会，我代表学校向辛勤工作的全体同事表示崇高的敬意和衷心的感谢！向努力学习不断进步的同学们表示真诚的祝贺！同时衷心祝愿我们的学校、老师和同学们在新的一年里取得新的成功，获得更大的发展！

回首过去的一学期，我校在上级主管部门和社会各界的关心和大力支持下，全体师生同心协力，一心一意谋发展，谱写了学校在茂名教育发展史上的新篇章。在过去的一学期，我们克服重重困难，开展丰富多彩的社团活动，筹建了学校图书阅览室，成功举办了书法大赛、学校运动会、"最美学生"和"最美教师"的评选活动及颁奖晚会。在过去一学期，同学们培养起了良好的学习习惯和行为习惯，学业不断进步，形成了我们附校学子勤学、善创、进取、感恩的良好精神风貌。在过去一学期，我校校风纯正，学校发展态势良好，在教师队伍建设、办学质量和特色办学中，我们都取得较大的进步，学校办学特色和理念深受上级领导以及社会的好评。

新学期我们面临新的机遇与新挑战，初二的同学在这学期将迎来生物、地理中考；初一的同学也处在打好学习基础、养成良好习惯的关键阶段。在这里，我给同学们提四点要求和希望：

## 一、开好头，起好步

凡事开头难，良好的开端是成功的一半。无论老师还是学生，都要重视开学的第一天、第一周。那么，怎样重视呢？应该要在小事上做实在，比如：调整好作息时间，晚上要按时睡觉，保证我们按时到校，不迟到，并且有足够的精力投入到学习中来；比如：弯腰捡起校园内的一张纸屑；比如：听到铃声教室里立刻安静下来，整理好自己的学习用品等。这些事情虽很小，但关系到同学们一个学

期的学习效果，是大事。

## 二、完善学习计划，提高学习效率

凡事预则立，不预则废。做什么事有了计划就容易取得好的结果，毫无计划的学习是散漫疏懒的，很容易受到外界的干扰，进而影响我们的学习效果。相反，一个好的学习计划能让学习节奏分明，该学习的时候能安心学习，该玩的时候能开心地玩，久而久之，所有这些都会成为自觉行动，成为好的学习习惯。

在过去一个学期，我们很多同学都制订了自己的学习计划，也有很多同学认真去实施，并取得不错的学习效果。这个学期我们要在上学期的基础上进一步完善自己的学习计划，明确自己的学习目标，脚踏实地、有步骤地去实现它。

初二级的同学们，再有三个多月你们要参加生物、地理中考了，此时的你们，更加需要专门制订出你们生物、地理的学习计划、复习计划，通过合理安排时间和任务，充分做好生物、地理的备考准备，力争打响你们中考的第一炮。

初一级的同学们，你们离中考还有一段时间，但你们要认识到，初一的基础是否扎实将直接影响到你整个初中学习所能达到的高度。因此，你们更需要认真完善你们的学习计划，认真地、踏实地去实施，以此促成你们良好的学习习惯的养成，为整个初中的学习打下扎实的基础。

## 三、多读书，读好书

博览群书，终身受益，这个道理大家都知道。为了保证同学们的读书效果，学校千方百计设立了图书馆、阅览室，并即将对你们开放。希望你们能充分利用图书馆，丰富自己的知识，开阔自己的视野，提升自己的品位。当然，我们提倡多读书，更提倡读好书。在过去，有部分同学喜欢看漫画或者武侠暴力小说这些快餐式书籍，这对我们的学习是非常不利的。我们应多读世界名著、名人传记，以及科学、自然、哲学等方面的能推动我们不断成长的好书。除此之外，我们也要写好读书笔记，要将读书过程中看到的精彩片段、好词好句、名人名言、心得体会记录下来。这些积累会不断提升我们的理解能力、写作水平和欣赏能力。

## 四、讲文明，懂礼仪

在行为礼仪方面，每位同学都要按照《中学生日常行为规范》来严格要求自己，遇人要面带微笑，问好要主动大方，对同学要真诚友善，从身边的小事做起，说文明话、行文明事、做文明人。在安全与纪律方面，一定要按学校的要求办，听从老师的教导。集队上操要做到快齐静，课间活动及上学、放学路上等都要把安全放在第一位，严格遵守交通安全、公共安全。

### 五、显个性，展风采

本学期，学校还将举办丰富多彩的活动，让大家尽情享受校园文化盛宴，让独特魅力更加彰显。希望全体同学一如既往地积极主动参加，不放过每一次锻炼自己的机会。

老师们，同学们，让我们全体师生同心同德，凝心聚力，坚定信心，用激情成就梦想，用激情续写学校发展史上的新篇章。新的学期让我们共同给力附校，再创新的辉煌！

最后，再次祝老师们身体健康，工作愉快！祝同学们快乐成长，学习进步！祝学校明天更加美好！

谢谢大家！

（2014—2015学年第二学期开学典礼发言稿）

# 鼓足力量，再创佳绩

亲爱的老师们、同学们：

大家早上好！我们满怀着新的希望迎来了生机勃勃的2016年春天。今天，站在新学期的起跑线上，我代表全校师生向莅临我校的各位领导和嘉宾表示真诚的感谢！感谢你们在百忙之中抽出时间参加新学期的开学典礼，关心学校发展，关注同学们的成长！我还要向老师们致以崇高的敬意，祝愿老师们在新的学期、新的一年工作顺利、身体健康、生活幸福！同时，向全体同学致以新学期美好的祝愿，祝愿同学们在新的学期里学习进步、身体健康、快乐成长！

一个学期以来，我校乘着"创强"的东风，我们在校园建设、学科建设、办学质量、办学特色以及创建品牌的进程中，在市教育局的领导下，各项工作齐头并进，深受社会的好评，家长们带着疑问而来，怀着期望满意而归。目前，学校人心齐、人气旺、校风纯、学风正，学校发展初露锋芒！

2016年是学校的定位年，是检验学校重要的一年，本年我校将围绕"规范、出彩、满意"六个字认真开展各项工作。

（1）提前实现教学现代化；（2）要将学校建成学生喜欢、老师向往，集教学、科研、养生于一体的星级学校；（3）规范办学行为，制定学生作业清单，提高课堂教学效能，践行十项承诺，让"健体、立德、修身"在一中附校全面开展；（4）全力做好第一届中考备考工作；（5）完善校本课程的标准化、规范化；（6）打开各场室的门，让学生无障碍地完成阅读、实验、美术、音乐、电脑等课程，无障碍地参加体育活动；（7）切实做好学校管理工作，确保校园安全，实现平安校园，创建省级安全文明校园；（8）做好推普工作、省级书香校园以及省语言规范学校创建工作；（9）发挥学校长处，创办学校足球俱乐部，开展球类活动竞赛。

"路漫漫其修远兮，吾将上下而求索。"我校全体师生将共同努力。为此，允许我向老师们和同学们提几点希望：

在新的学期，我希望老师们能够以身作则，在学习行为与学习习惯上成为学生的典范，做学生健康成长的指导者和引路人。既"照亮"学生，又幸福了自己。

正如德国学者林德所言:"真正能教导学生的就是教师的人格,而不是所谓的教学方法。"所以,希望大家以爱心待学生、以热心待家长、以诚心待同事、以尽心待事业、以信心待自己,热爱生活、热爱工作。

"吾生也有涯,而知也无涯。"希望同学们在探索知识的路上能够持之以恒,坚持不懈;"风声雨声读书声,声声入耳;家事国事天下事,事事关心。"作为新时代的青少年,希望你们在校园里能够保持一颗积极求学的心。一年之计在于春,一天之计在于晨。晨读,书声是最动听的声音;当然,不能两耳不闻窗外事,一心只读圣贤书,我希望你们能够关心生活,关心社会,关心国家,祖国的未来在你们的身上!我希望你们正直、善良,学会尊重、热爱生命,只有这样你们才会有许多以诚相待的朋友,才能赢得他人的尊重。我希望你们认真、刻苦、勤奋,这样才能学到更多知识,知识将帮助你们创造属于自己的美好人生。

千里之行,始于足下。新学期开学之际,衷心祝愿同学们在自己新的起点上,鼓足力量,再创佳绩!祝愿老师们工作顺利,身体健康,心想事成!

(2015—2016学年第二学期开学典礼发言稿)

# 看清形势，调整心态，积极应考

各位家长朋友们：

今天距离中考还有 28 天，到了最后的冲刺阶段，在这最关键的时刻我们把各位家长请来共同探讨孩子的考前教育、学习、生活等问题，为他们在今年中考中考出好成绩做初中阶段最后也是最有效的努力。大家的到来是对孩子前途的关心，学校向大家表示衷心的感谢和热烈的欢迎！今晚我讲几方面的内容：

## 一、感谢

首先我要感谢各位家长三年来对我校工作的大力支持与配合，学校的工作离不开家长的理解与帮助。这三年，是我们学校建设起步的第一个三年，也是最艰难的三年，在这样的情况下，我们很多家长无论是在学校的教育教学还是在校园建设等方面都给予了大力的支持。然后我要感谢各位家长对孩子的全力栽培，对孩子无微不至的关怀，为孩子的健康成长付出了全部的青春年华，为学校、为社会培养了有用的人才，他们中很多人将会成为我们国家的栋梁。最后我要感谢我们初三级的全体老师，为了孩子们的中考，他们每天挥洒着汗水，勤勤恳恳，任劳任怨，不计较个人的得失，多少个日日夜夜，为自己的学生牵肠挂肚；为了孩子们的中考，他们中一些人甚至连自己的孩子都顾不上，他们不仅仅把教书看成自己的职业，更看成是自己的事业，为之奋斗终生的事业。

## 二、中考形势分析

继初二地理、生物中考取得了接近 50% 双 A 后，今年的第一场中考——体育中考，我们再次创造了辉煌，全级有 610 人取得了满分 60 分的优异成绩，满分人数接近 50%，这三科考试的绝对优势，使我们迎接最后的中考信心倍增。但是我们不敢松懈，因为今年的招生政策跟往年相比应该不会有太大的变动，茂名市一中在市直属学校招生人数可能是 1100 人左右，整个高中招生人数减少，竞争很大，而且今年的试题难度有可能会加大，所以我们还是感到有很大的压力。为此，我们采取了三项有针对性的措施：

（1）集全校之力，共同做好备考工作。初三级备考是学校工作的重中之重，我们的工作要紧紧围绕初三备考工作开展。例如为了做好体育备考，我们动用了全校的体育老师对初三级进行一对一的技术辅导；又如为了更好、更全面地了解我们学生的学习情况，我们每次的模拟考试都和高州中学、化州良光中学、信宜教育城初中部等学校联考，在上周的第三次模拟考试中，我们请了在教学第一线的有着中考出题经验的老师为我们初三级命题，还请了初一和初二的语文、数学、英语、物理老师帮忙改卷，上午考完试，下午就可以出成绩，这是其他学校做不到的，这充分体现了我校一贯主张的集体创优的思想；再如为了进一步提高初三复习课的效率，同时也为了促进初一、初二老师提高教学水平，熟悉教学业务，我们要求初一、初二的老师每周一次到初三备课组推门听课。实践证明，我们所采取的种种措施都有效地促进了初三级的备考工作的顺利开展，取得很好的效果。

（2）取长补短，学习无止境。一直以来，在教师成长学习方面，我们学校都在资金方面给予了大力的支持，每学期都派出不少的老师外出学习，培养了一批批省、市的骨干教师。在备考的最后阶段，我们准备安排初三各科的备课组长到高州、信宜、化州交流备考心得和经验。总之，为了这一届的中考，我们想尽一切办法，千方百计，不惜一切代价。

（3）争分夺秒，打好辅导牌。最后的二十多天，虽然学生的成绩不太可能还会突飞猛进，再提高几十分的可能性已经不大，但是要丢掉几十分却很容易。因此，只要有一丝的希望，我们都不会放弃，都会努力从学法上、心理上对学生进行必要的辅导。学生在这段时间可能会出现心理上的疲倦与迷茫；或者因学习成绩得不到提高而产生紧张、着急的不稳定情绪，他们在这个时候更需要得到老师的帮助和鼓励。因此，在最后的这段时间里，我们初三的全体老师会全员在岗，下午坚持坐班到6：20，为那些有需要的学生排忧解难。同时，为了放松学生的心情，调节学生的学习状态，虽然体育中考已经结束，但我们还是安排每周一节体育课和两个下午跑操，让学生到户外活动，做到劳逸结合。

## 三、给家长的一些建议

### 1. 满怀信心，但切忌期望过高

家长要相信孩子能取得好成绩，对孩子有信赖感、充满信心，孩子就没有来自家庭方面的压力，积极向上的心绪容易受到激发。期望过高，是形成考生考试焦虑的重要原因之一，如果有意无意地给孩子"加压"，就会增加他的烦躁情绪，在复习和考试时所面临的困难和遭受失败挫折的可能性也越大，还会使家长感受失落的痛苦和更大的心理失衡。家长不应提不切实际的要求，不妨告诉孩子："只要尽到最大努力就行了！"对子女的期望应实事求是、合情合理。

**2. 切忌唠叨及不良的心理暗示**

不要渲染考试的艰难和后果。有些家长对孩子不断渲染考试的艰难，分析考不好的后果，这样会使孩子临场更恐惧、更压抑。只要孩子不慌不忙、愉快轻松、扎实努力，就是成功的预兆。不要在孩子面前反复念叨"你要加把劲啊！""你一定要考好呀！""你不要紧张""你说要考多少分、考什么学校"等这样的不良心理暗示的言语。如有唠叨的工夫，不如给孩子讲讲笑话，让他的神经放松一下。

**3. 合理安排膳食，注意饮食卫生**

考试前夕，孩子的身体在大脑的指挥下，神经内分泌系统处于功能上的亢奋状态。医学上称之为"应急状态"，加上用脑过度，孩子很容易出现饭吃不香、觉睡不着的现象。家长应尽量保证孩子有丰富的营养、充足的睡眠，关心孩子饮食起居的每一个细节。但真正淡化考试的做法，就是从点滴做起，平时家庭生活规律照旧，也完全没有必要搞什么考生食谱，平时孩子喜欢吃什么，考试时照样吃什么，最好的方式就是让孩子感到舒适，什么可口就吃什么，什么样的地方舒适就住什么地方，应当多听孩子的意见。

教育是全方位的，离开了家长的支持与配合，我们的工作都是无法做好的，最后再一次感谢各位家长对我们学校的工作的支持！

（迎中考家长动员会上的发言）

# 以崭新的姿态和面貌去迎接新的挑战

尊敬的老师们，亲爱的同学们：

大家早上好！

今天，在这个金秋送爽、硕果飘香、秋色宜人、享受丰收喜悦的季节里，我们又迎来了一个崭新的学期。在这里，我先祝愿同学们每天都能快快乐乐。两年来，学校规范办学，践行办学"十项承诺"，取得丰硕的成果。在2014年全国初中数学竞赛中，我校李治达同学获得省级一等奖，4人获得全国二等奖，14人获得全国三等奖。2014年物理竞赛，我校梁裕威同学获得全国三等奖。在广东省中小学第七届"暑假读一本好书"活动中，我校林洁好获得一等奖，朱纪英获得二等奖，刘琦雯获得三等奖，学校获得优秀组织奖。在首届广东省少年书画摄影作文大赛中，我校300名学生获得奖项。杨贺、李月平老师被评为省骨干教师。有多项省、市级课题获得立项。2015年生物、地理中考取得优异成绩：（1）生物科达"A"人数715人，"A"率55%（市直仅30%）；（2）地理科达"A"人数729人，"A"率56%（市直仅30%）；（3）生物、地理两科达"双A"人数628人，双"A"率接近50%；（4）生物满分（100分）达95人；（5）地理满分（100分）达11人（全市仅有57人）；（6）林建珊同学的生物、地理双科满分（100分）。

新的学期迎着凉爽的秋风向我们走来，我们将面临新的机遇和挑战。2016年，是我们学校最关键的一年。在这一年，我们整个教师队伍配齐，第一届毕业生参加中考，我们学校的"创强"建设使学校面貌、办学条件不断改善。学校的运动场、卫生间、外墙、学生宿舍都焕然一新。今年，我们会更加努力地去抓好教学均衡发展，减少两极分化，抓好教学质量，强化教学联盟、班主任联盟、校际联盟、家校联盟，做好、做足明年的中考备考工作。学校决定，第一周召开初三中考备考会议，第二周召开初二的生物地理中考备考会议。学校坚持教师团队建设，打造明星团队，培养一批名教师、名班主任。学校把九月份定位为教学教育规范月，使学校形成良好的教学氛围。在这个学期，学校要做好十大事情：

第一，要形成自己的校训、教学理念、办学思想，形成良好的教风、学风；

第二，教好第一届学生，打响我们中考的第一炮；

第三，做好教师队伍的建设，配备最强的学校领导，做好学科建设，完善班主任联盟、教师联盟；

第四，建设美丽校园、数字校园、国学校园，使学校达到粤西一流水平；

第五，建立安全保障系统，建设心理驿站，强化安保管理；

第六，全力打造特色品牌项目，如足球、管乐、书法、文学、英语、计算机等，张扬学生个性，全面实施素质教育；

第七，建立学生成长档案，全力培养教师的教学能力，让学生喜欢老师；

第八，建立科学的管理系统，坚持校务会议下的年级负责制；

第九，建立校内外良好的合作关系，加强和兄弟学校的交流；

第十，强化家校联盟，完善家委会、义工团。

我相信，只要我们师生共同努力，学校一定会发展得更好！老师们，我们肩上的责任关系着学生、家庭和民族的未来，我们只有以充满着无私和宽容的爱心投入工作，才能无愧于我们光荣的职业。学高为师，身正为范，博学为本。我们要以高尚的人格感染学生，以文明的仪表影响学生，以和蔼的态度对待学生，以丰富的学识引导学生，以博大的胸怀爱护学生。我希望我们一中附校的每位教师都成为学生欢迎、家长满意、同行敬佩的优秀教师。同学们，你们承载着祖国的未来，祖国需要具有坚定信念、爱国热情、社会公德、文明守纪的合格人才，你们必须从现在做起，严格要求自己，对同学要讲团结、讲诚信、讲文明、讲爱心；对老师要讲尊敬、讲礼貌，要尊重每位教师的劳动；对家长要讲孝敬，要做好儿女；对班级要讲关心、讲热爱、讲奉献；对于我们共同拥有的学校，每位同学都应从点滴小事做起，使母校成为文明的摇篮、学习的乐园。我希望一中附校的每位学生都是聪明好学、文明守礼、心理健康、体魄强健的全面发展的优秀学生。

同学们，老师们，新的学期已经开始，新的目标和任务等待我们去完成，让我们振作精神、团结一致、鼓足干劲、更新观念、锐意创新、与时俱进，以崭新的姿态和面貌去迎接新的挑战。相信经过我们大家共同努力，一定能实现本学期的计划目标，一定能取得理想成绩，一定能铸造我们一中附校的辉煌！

(2016—2017学年第一学期开学典礼致辞)

# 自信、拼搏、成功

尊敬的老师们，亲爱的同学们：

下午好！

今天，我们在这里隆重举行 2015 年中考誓师大会，我们一起擂响决战生物、地理中考的战鼓。80 天后，1310 名学子，将以精锐之师的阵容和最好的精神状态，勇夺初中阶段学习的第一场胜利！

两年前的你们，洋溢着幸福的笑容，怀揣着七彩的梦想，跨进了一中附校的大门，成为一附第一届学子。为了梦想，我们披星戴月、寒暑不停地追求，夏雨磅礴中有我们跋涉的身影，秋风瑟瑟中有我们勃发的激情，寒风萧萧中有我们坚定的足迹，我们有成功、有挫折、有欢乐，更有师生的真爱！我们看到了老师们泪汗交织的岁月，我们听到了老师们语重心长的教导，他们用心田、用知识浇灌了我们，却将辛劳和疲惫隐藏在心底。我们听到了父母们的殷殷叮嘱，他们用爱养育了我们，却将责任和辛酸硬扛在肩上。

亲爱的同学们，正如刚才老师的宣誓，我们的老师会陪伴着大家一同度过紧张、充实、艰难的备考日子，"甘将心血化时雨，润初桃花一片红。"我同样坚信，全体初二教师一定会在剩下的备考时间里，继续以满腔的热情、高度的责任感，尽最大努力帮助同学们，在同学们迈向成功的道路上助一臂之力。同学们，在你们经历人生的这一重大挑战时，有这么多优秀的、敬业的老师陪伴着你们，你们还有什么理由不竭尽全力，有什么理由不力争上游，有什么理由不为自己第一场战斗画上一个圆满的句号呢？同学们，让我们以最热烈的掌声向我们的恩师致以崇高的敬意和衷心的感谢！

八年寒窗苦读，两载附校磨砺，我们的双手已不再娇弱，我们的双肩已不再稚嫩，我们的目光从来没有像今天这般坚定执着：

奋战 80 天，给父母一个惊喜！

奋战 80 天，给附校一个奇迹！

奋战 80 天，给自己一片光明！

我们坚信，勤奋刻苦、严谨求实的初二学子一定不会辜负老师、家长的深情厚望，一定会在中考考场上纵横驰骋，所向无敌，一定会向家长、老师，向你们无悔的青春交上一份满意的答卷！一中附校将见证你们今天的努力，也将为你们明天的成功喝彩！

"拼一分高一分，一分成就终生；今天多一分拼搏，明天多几分欢笑。"中考战场的硝烟已依稀可闻，面对挑战，我们别无选择，我们唯有一鼓作气，奋力一搏。"两强相遇勇者胜，两勇相遇智者胜，两智相争附校胜！"让我们与梦想签约，开创一中附校的辉煌篇章！

"我自信、我拼搏、我成功！"2015年一中附校生物、地理中考，一定成功！

（在2015年初二生物、地理中考誓师大会上的讲话）

# 一勤天下无难事

敬爱的老师、亲爱的同学们：

上午好！

新春伊始，万象更新！寂静了二十多天的校园，因为新学期的开学又变得生机勃勃，充满朝气。今天，我们召开新学期开学典礼。值此机会，我代表学校向全体老师、同学们致以新年最美好的祝愿：祝愿大家在新的一年里身体健康、工作顺利、学习进步、万事如意！

回首2016年，我们播种过希望，也收获了累累硕果。在全校师生的共同努力下，我们学校教育教学业绩显著，德育活动深入人心。在此，特向在上学期学习中取得优异成绩的同学表示热烈的祝贺，向为学校各方面工作付出辛勤劳动的教师表示衷心的感谢。

老师们、同学们，回顾过去，我们充满自豪，但成绩意味着过去。在这充满生机与希望的春天，在这充满未知与期待的新学期，我们应当树立新目标，以全新的姿态迎接接下来的机遇与挑战。为此，我想明确2017年我们学校的工作重点：

## 一、紧跟教育现代化步伐

随着时代的发展，信息化技术遍布我们的日常生活，也为教育的发展提供了机遇。我校作为茂名市教育科技创新的实践基地，将紧跟教育现代化步伐，在未来的教学中逐步把信息化技术、教育电子产品引入我们的日常教学当中，如为学生配备学习型手机、学习型平板电脑等，使得教材更加多媒体化、教学更加个性化，为我们的同学提供更加多元的学习平台。这就要求我们全校师生要转变观念，合理运用现代化媒体，提高我们的学习效率、开阔我们的视野，共同打造一个创新型校园。

## 二、扎实推进素质教育

如果要问 21 世纪最缺的是什么人才，答案毋庸置疑——创新型和探究型人才。办学以来，我们学校一直致力于促进学生的全面发展，在接下来的学期中，我们将更加注重同学们各方面能力的培养，通过特色活动提高同学们的动手能力、思维能力以及创新能力。这就要求我们的各科老师，要多开展有利于同学们发展的活动，如生物创新实验、数学建模等等，为我们的同学搭建一个创新、探究的平台，将我们的同学打造成具备社会核心竞争力的创新型、探究性人才。

## 三、齐心协力迎中考

在本学期的工作中，一个重要的工作就是中考备考。这是检验同学们三年努力成果的时刻，也是检验教师教育教学质量的时刻。因此，我希望奋战在初三前线的教师和同学们，能够扎实做好中考备考工作，根据中考改革方案完善备考策略，形成强手联合、学科互补的良性备考氛围。教师要引导学生各学科统筹兼顾，和谐发展；讲求策略，调整身心，严于律己，力争在今年的中考中再创辉煌。

老师、同学们，古语云："一勤天下无难事。"也就是，只要有勤恳的付出，天下就没有解决不了的事情。一个人只有通过不懈的努力，才能铸造生命中的一切辉煌。曾国藩把勤分为"五勤"：身勤、眼勤、手勤、口勤、心勤，虽是为官之道，但也是为人处世之道，借此，我想对全校师生提三点要求：

首先是对初三学子的要求。希望同学们能够做到"心勤"，也就是要有坚定的意志品质。距离中考仅剩一百多天的时间，这是你们人生的第一次重大的挑战，我希望每个同学都能为自己树立一个目标，提高信心，全力以赴，只要你每天坚持一点，你就会离目标近了一点。只有心怀梦想、脚踏实地，永不放弃，我们才能像《钢铁是怎样炼成的》中所描述的那样：当一个人回首往事时，不因虚度年华而悔恨，也不因碌碌无为而羞愧。请记住，勤奋能为你的梦想助航。

其次是对初一、初二学子的要求。希望同学们能够做到"手勤"。所谓的手勤，也就是要养成良好的行为习惯。无论是学习还是日常生活中，都做到严格要求自己，良好的习惯是你们一生中取之不尽的财富。第一个是自我反省的习惯，"吾日三省吾身"，每天问问自己今天学到了什么，有没有白费一天的光阴，距离你的梦想是否又近了一步，通过反省达到审视自我、提高自我的效果。第二个是养成阅读的习惯，世界很大，你需要去看看，知识很多，你需要从书中汲取。请记住，博览群书能够让你走得更远，勤奋能让你飞得更高。

最后是对全体教师的要求。我希望我们的教师在新的学期当中继续做到"身勤"，也就是身体力行、以身作则。坚定教学理念，提高教学质量，努力学习，积极反思；更新观念，踏实工作，开拓进取。关心爱护并严格要求每一位学生，做到以严导其行、以爱暖其心，时时处处做学生的表率，争做创新型、发展型教师。

老师们、同学们，春天正是千帆竞发的时刻，希望在这孕育着希望的季节里，我们能够时刻铭记古人的教导——"一勤天下无难事"。以"勤"立己，播下奋斗的种子，用汗水浇灌它，不久的将来我们定能看到累累的硕果。

（2016—2017学年第二学期开学典礼发言）

## 创新思维，动手实践

尊敬的各位领导、各位来宾：

大家好！首先，非常感谢市局领导一直以来对茂名一中附校的关怀、指导和信任。作为本次活动的举办地，我们倍感荣幸。特别是，见到这么多奋斗在科普教育战线上的领导和专家，与众多兄弟学校领导、一线科技教师共聚一堂，我非常激动。你们的到来，令茂名一中附校体育馆礼堂大放光彩；你们带来的宝贵经验，将是我校科技创新教育发展道路上的重要财富。

在此，我谨代表茂名一中附校的全体师生，对你们的光临表示衷心的感谢和诚挚的欢迎！

下面，我将从三个方面，向各位领导、专家简单汇报我校科技创新教育方面的情况。

### 一、精准定位，创新思维

众所周知，思想的定位决定发展的高度。在上级部门的关怀和指导下，我校在开办之初就对自己今后的发展作出了精准的定位，就是要成为茂名教育教学改革的排头兵，办出自己的特色，创建自己的品牌！而要完成这一发展任务，其中一个必备条件，就是要培养师生的创新思维。

什么是创新思维呢？我的理解是，"打破常规，与众不同，又具有可行性的想法"就是创新的思维。大到世界级的科学发明创造，小到一道习题的不同解法，都是思维创新的结果。

在将近三年的办学历程中，我校始终以培养学生的创新思维为首要任务，以教学为主线，以活动为载体，全面唤醒学生的创新意识，激发学生的创作潜力。在培养学生的过程中，我们教师队伍的创新意识，特别是青年教师，也在悄悄地发生改变。教师讲学生听的情况少了，学生上台讲演的机会多了；拿来主义少了，教师自创教具、自创教法多了。其中，物理科组陈颂敏老师制作的《多功能光学演示仪》在广东省第八届优秀自制教具大赛展评活动中荣获二等奖；历史科组黄晓艺老师制作的《梨》，荣获广东省自制教具二等奖，生物科组黄桂花、朱淑贞老师制作的《泌尿系统的组成》荣获省教师作品三等奖、茂名市一等奖；多位教师的作品获得茂名市一、二、三等奖。

## 二、重点突破，全面开花

思维带动行为，创新的思维也需要展示的平台。非常感谢"创新科技节"，在这里，我们的学生可以充分地发挥想象；在这里，我们的学生可以学以致用，分享快乐！

在本届科技节中，我们通过国旗下讲话、校园网、校园广播等形式广泛宣传动员，通过专家讲座、主题班会等活动让同学们全面了解了广东省科技活动的类型，并学习了如何进行科技小创作。此外，还有让学生脑洞大开的"金点子"征文比赛，体现学以致用的物理、生物学科实验竞赛，开拓创新思维的理、化、生、地学科创作比赛，以及广东省青少年科技创新能力挑战赛项目"纸桥承重""纸牌叠高"等。

通过本届科技节，我们进一步完善了学生社团的管理，根据学科特点，将原有的兴趣小组纳入学科社团。以广东省青少年科技活动为依据，重点突破"虚拟机器人""创客空间""计算机技术"等项目。充分发挥"学以致用"的功能，以学科组促进管理的方式，令"数独社""天文爱好者"等大大小小的社团全面开花，让更多的同学参与进来。

## 三、潜心发展，厚积薄发

近三年来，我们重点培养学生的创新思维，引导学生把课堂、把书本所学知识用于生活实际，开拓学生的发散性思维，训练学生的动手操作能力，鼓励他们一步一步地把想法变成现实。经过一段时间，我们的努力也初见成效。在2016年茂名市自制教具展评活动中，我校陈晓丹同学的"液体压强演示仪"、戴妤茜同学的"可拆装小孔成像演示仪"、唐倩妍等同学的"平行线画架"获得一等奖，多项作品获得二、三等奖。在本届科技节"金点子"创意征文比赛中，同学们的好表现也出乎我的意料。例如：初一14班李明睿同学的《神奇的天气预报画》、初一23班邓紫昕同学的《智能眼镜》、初二8班朱海萍同学的《双面节水拖把》、初

二24班杨雯天的《添加剂过滤器》等等，各种抛开常规而又具有一定可行性的奇思妙想，在校园里蔓延。

我们倍感欣慰，有好的想法就有好的开始，我们有理由相信，未来将会有越来越多的科学家、创作者、社会精英，从这个美丽的校园走出去。

"创新思维，动手实践！"这就是我校科技活动的主题与思路，也是我校的一个重要办学理念。由于办学时间短，能沉淀下来的东西还不够，希望各位领导专家多提宝贵意见，希望兄弟学校传授宝贵经验和技术支持。对大家的光临指导再次表示感谢！

（在茂名市教育局首届"创新科技节"活动上的讲话）

# 第三部分

## 管理者·管理的智慧

# 办有灵魂的教育　育有使命的人才

茂名市龙岭学校创建于 2007 年,是茂名市教育局直属的一所九年一贯制学校。学校占地面积 14372 平方米,现有教学班 61 个,在校学生 4298 人,教职工 165 人。建校五年来,我校在茂名市教育局的正确领导下,全面贯彻党的教育方针,深入学习和实践科学发展观,坚持以培养具有创新精神的社会新人为奋斗目标,坚持"以人为本、面向全体、创办特色、科学发展"的办学理念,把关爱学生作为立校之本,践行"十项承诺",创办班级文化特色、体艺特色,使学校办学水平和教育教学质量不断提升。目前,我校已是一所校风严明、教风严谨、学风严肃、家校同心、师生同行、校园和谐的现代化学校。

五年多以来,我校在办学实践中,主要做好了以下几项工作:

## 一、践行十项承诺,关注学生全面发展

我校为贯彻茂名市直属学校教育工作会议的精神,落实市教育局主要领导有关教育改革的指示,使每一个学生的成长更健康、更阳光、更优秀,学校全体教师向社会及每一位家长郑重承诺:

(1) 为每个学生制订一个系统、科学的学习计划;

(2) 让每个学生每学期参与一次班级管理;

(3) 让每个学生每学期都能主持一次班会;

(4) 与每个家长每月有一次互动;

(5) 与每个学生每周有一次交流;

(6) 让每个学生每学科每学期上课发言不少于三次;

(7) 让每个学生每月都有一次展示的机会;

(8) 让每个学生每天都能得到同学或老师的赞赏;

(9) 对每个学生的作业每月至少面批一次;

(10) 让每个学生每学期参加一项以上体育或艺术等兴趣小组活动。

我校通过践行十项承诺,使全校教师进一步增强了使命感和责任感,真正树

立起平等宽容的学生观、博学多才的教师观、求真务实的治学观、言传身教的育人观和全面发展的质量观，推动了素质教育的科学发展，培养了一批批求真理、明事理、懂情理的优秀学子。

## 二、坚持家校互动，形成家校合作新局面

为开创家校携手共育新局面，我校大力推进家校合作，创新家校合作模式，使有效教育落到实处：（1）学校成立了"家校和谐委员会"，并定期召开成员会议。各成员充分参与学校管理，有效体现家长对学校教育教学工作的知情权、评议权、参与权和监督权。（2）定期召开家长会。家长会中，除了常规的会议议程之外，我们还会经常邀请社会知名专家为家长做辅导和培训；同时，我校还通过亲子活动、家长论坛等方式，加强与家长的沟通与互动。（3）每学年举行家长开放日活动，极大地增强了学校办学的透明度。（4）定期家访。教师们行走在爱的旅途，深入学生家庭，了解孩子在家的表现情况，并和家长进行有效交流。此外，教师还充分借助校讯通等平台，通过电访、信访等方式与家长沟通，增强家校合力，确保与每个家长每月有一次互动。

我校通过构建符合茂名地区实际的，有效、可行的家校合作模式，使教师的责任感得以增强，孩子的成长得到保障，也涌现出一大批尊师教、重身教、会喻教的家长，使学校、家庭、社会形成幸福、和谐的新局面。

## 三、创建体育特色，大力提升学校品位

五年来，学校探索并实践了以体育教育为办学特色的路子，以体育教育为主导文化，引领带动学校各学科教育形成特色，形成学校办学特色体系，不断服务社会，进一步提升学校在社会上的影响力。

我校认真贯彻落实教育部关于"二操一课一活动"的要求，积极组织各种体育课外活动，保证每位学生每天在校有1小时运动时间。学校现有标准200米田径运动场一座，篮球场3个，羽毛球场4个，排球场2个，户外乒乓球场2个，体育活动用房30间，极大地满足了正常教学、训练和课外活动开展之需要。学校通过在班级之间、年级之间、师生之间开展冬季晨跑活动、广播体操比赛、教职工体育活动竞赛、趣味体育比赛等形式多样的活动，极大地推动了学校体育工作的开展，提高了师生的身心健康水平。2007年以来，我校体质健康合格率年年在

96.5%以上。此外，学校成功举办了一年一度的学校田径运动会，学校田径队参加2011年市直运动会获得团体第二名和体育道德风尚奖，李嘉竞等多名同学被市一中录取为体育特长生。2011年，我校被评为"广东省体育特色学校"。

### 四、丰富班级文化，实现育人环境人文化

班级文化建设是一个班级的灵魂所在，是学校文化的重要组成部分。一直以来，我校把班级管理的重心转为班级文化建设，让班级成为培育学生公民意识的重要基地，成为提升学生素质和能力的重要基地，让学生成为班级管理的主体。在班级精神文化建设方面：各班学生以小组为单位，通过班会课的讨论交流，自行设计班级自治制度、班级有效活动、班级口号、班级目标、班级文化主题，形成共同愿景，开启学习的原动力。在班级环境文化建设方面：各个教室都有自己的文化特色，如各班设有励志的"龙虎榜"、干净整洁的图书角、内容丰富的手抄报、青春张扬的学生风采展、独特的班徽班歌设计、温馨的图画、暖心的标语……

颇具个性的班级文化建设，丰富了学生的班级生活，创造了利于学生发展的平台，为培育"四有"新人营造了浓厚的文化氛围。

### 五、创新德育特色，构建学校教育新阵地

近年来，我校坚持以人为本的教育理念，始终把德育工作放在各项工作的首位，抓住新时代学生的特点，大胆创新学校德育工作，彰显学校德育特色。（1）精心设计校本德育。首先是"每周之星"的评比，包括学习之星、进步之星、劳动之星、心灵之星、爱国之星；其次是表彰月考成绩优秀学生，以树典范；再次是每周评比卫生先进班、每两周评比文明班，促进班风班貌建设，形成勤奋、善思、进取、感恩的良好校风。（2）实行德育导师制。我校注重做好后进生的转化工作，每个科任老师担任四名"后进生"的德育导师，德育导师要制定工作方案，从生活、学习、思想上关心和帮助他们，定期向家长和政教部门汇报工作对象情况，撰写教育案例，每月在年级进行小结；每个学期学校组织这些教师进行总结。

全新的德育模式和德育理念孕育了"至诚至精、融心融情、善学善喻、宏德宏真"的龙岭精神，也取得了一定的成绩：近年来，我们转化了一大批后进生，

得到家长、社会的一致好评。我校陈晓霞老师主持的德育课题《整合区域德育资源，提高学校德育效益》被评为广东省优秀德育课题；我校于2012年被评为"茂名市德育示范学校"。

## 六、优化备课模式，促进教师快速成长

我校青年教师多，教学理念新，发展潜力大，但经验也相对匮乏。为保证青年教师"一年上路，两年成型，三年成才，五年出成果"，我校确立了"三次备课，两次反思"的集体备课模式：各科组、备课组通过"个人备—集体备—课后备"三次备课和"课前反思—课后反思"的流程，完成"个人教案—集体教案—完善教案"的演变。此外，相同备课组的教师统一教学计划和进度，每个科组、备课组每周集体备课至少一次；每一课内容通过集体备课后才进入课堂；每次集体备课都有主讲人、主评人、记录人；一个老师每个学期至少主讲3次；每个教师一个学期至少上一节示范课或公开课；每位任课教师听课不少于20节。

学校通过实施"三次备课，两次反思"这种高效的集体备课模式，教师们通过互相学习、优势互补，得到快速成长，极大地提高了全体教师的道德水平、业务水平，切实建设成一支高素质、高水平、高质量的教师队伍。

## 七、狠抓控辍保学，确保九年义务教育巩固率

作为一所九年一贯制义务教育学校，我校切实做好控辍保学工作，确保适龄儿童少年不因家庭经济困难、学习困难、就学困难等原因而失学，努力消除辍学现象，确保学生"进得来、留得住、学得好"。

（1）学校落实好"控辍保学"工作责任制。校长是学校"控辍保学"工作的第一责任人，全体教师共同承担"控辍保学"责任，校长与教师签订"控辍保学"责任状，把"控辍保学"指标完成情况作为考核教师工作业绩、评先选优、职务晋升的重要依据。（2）开展家访行动。对存在辍学可能的适龄儿童少年进行摸底调查，并在开学期间耐心做好学生和家长的思想工作，使学生改变辍学的念头。对未回校的学生，坚持反复家访，争取获得家长理解和支持，共同做好学生的思想转变和返校工作。（3）进一步完善学籍管理制度。加强对中小学学籍的监控，规范中小学生报到、转出、转入、借读、复学等手续，使每位流动的学生流向清晰、有据可查，杜绝学生无序流动。（4）加强对孤儿、单亲家庭子女、留守

儿童和"学困生"等极易辍学群体的关爱和教育，及时了解他们的思想动态，从思想源头上严防辍学。

截至目前，我校学生回校率达 99.72%，已动员数百名学生回校。

五年风雨流金岁月，一代园丁辛勤耕耘，茂名市龙岭学校通过不断摸索和探究，办学水平不断提高，如今，这棵桃李树已是根深叶茂，硕果累累。几年来，教师共有 283 人次获得国家、省、市或市直属级别的奖励；学生有 1525 人次在各级竞赛中获奖，学校被评为广东省"书香校园"、广东省"体育特色学校"、广东省"交通安全示范学校"、茂名市"安全文明校园"和茂名市"德育示范学校"。

办有灵魂的教育，育有使命的人才，这是龙岭学校的办学使命。同进、互赢、共生的龙岭人，用自己的智慧和汗水铸就了今日的成绩。我们完全有理由相信，充满无穷活力和魅力的龙岭学校，定将乘风破浪，扬帆远航，驶向更加灿烂辉煌的明天！

（茂名市龙岭学校办学经验介绍）

# 科学发展　创办特色

我校在茂名市教育局的正确领导下,全面贯彻党的教育方针,坚持"以人为本、面向全体、创办特色、科学发展"的办学理念。2012年,为了贯彻茂名市直属学校教育工作会议精神,学校号召全校教师践行"十项承诺",抓好教师队伍和校园文化建设,创办学校特色,提升学校竞争力,促进学校又好又快发展。

## 一、优化备课模式,促进教师快速成长

我校青年教师多,教学理念新,发展潜力大。为让青年教师"一年上路,两年成型,三年成才,五年出成果",我校创设了"三次备课,两次反思"的集体备课模式:备课组通过"个人备—集体备—课后备"三次备课和"课前反思—课后反思"的流程,完成"个人教案—集体教案—完善教案"的演变。此外,教师统一教学计划和进度,备课组每周集体备课至少一次;每一课内容通过集体备课后才进入课堂;每个教师一个学期至少上一节示范课或公开课;每位任课教师每学期听课不少于20节。

"三次备课,两次反思"的集体备课,让教师们互相学习、优势互补,得到快速成长,极大地提高了全体教师的教学业务水平,切实建设成一支高素质的教师队伍。

## 二、抓好一分四率,大面积提高教学质量

我校积极贯彻2012年茂名市直属学校教育工作会议精神,认真抓好一分四率。第一,做好辅导工作。学校由过去主要辅导尖子生,转为与学困生结对帮扶,每个教师和五个学生结对,从生活、学习、思想上关心和帮助他们,确保学生"进得来、留得住、学得好"。第二,教学面向全体。学校坚持抓中间促两头的策略,倡导激发式教学、互动教学、激励教学等。采取学法指导、面批作业等措施,大面积提高教学质量。第三,落实"控辍保学"工作责任。学校把"控辍保学"指标完成情况作为教师评先选优的重要依据。加强对孤儿、单亲家庭子女、留守

儿童和"学困生"等极易辍学群体的关爱和教育，及时了解他们的思想动态，从思想源头上严防辍学。我校辍学率控制在1%以内。

### 三、践行十项承诺，关注学生全面发展

我校为使每一个学生的成长更健康、更阳光、更优秀，学校全体教师向社会郑重承诺：

（1）与每个学生制订一个系统、科学的学习计划；

（2）让每个学生每学期参与一次班级管理；

（3）让每个学生每学期都能主持一次班会；

（4）与每个家长每月有一次互动；

（5）与每个学生每周有一次交流；

（6）让每个学生每学科每学期上课发言不少于三次；

（7）让每个学生每月都有一次展示的机会；

（8）让每个学生每天都能得到同学或老师的赞赏；

（9）对每个学生的作业每月至少面批一次；

（10）让每个学生每学期参加一项以上体育或艺术等兴趣小组活动。

通过践行十项承诺，我校教师进一步增强了使命感和责任感，真正树立起平等宽容的学生观、博学多才的教师观、求真务实的治学观、言传身教的育人观和全面发展的质量观，推动了素质教育的科学发展，培养了一批批求真理、明事理、懂情理的优秀学子。

### 四、坚持家校互动，形成家校合作新局面

我校创新家校合作模式，使有效教育落到实处。（1）学校成立了"家校和谐委员会"，让家长参与学校管理。（2）定期组织家长会，交流育儿心得。（3）通过亲子活动、妈妈故事团、班级家长QQ群等方式，加强与家长的沟通与互动。（4）举行家长开放日活动，增强了学校办学的透明度。（5）定期家访。教师们深入学生家庭，了解孩子在家的表现情况，并和家长进行交流。有效的家校合作模式，使教师的责任感得以增强，孩子的成长得到保障。

### 五、创建体艺特色，大力提升学校品位

学校积极组织冬季晨跑、学生体操比赛、班际篮球赛、田径运动会等体育活

动，100%的学生参加体育训练。学校被评为"广东省体育特色学校"。全校开设合唱、舞蹈、民乐等兴趣小组，吸引了331名学生积极参与。音乐科组编排的舞蹈《少年自然科学者进行曲》获得市优秀节目一等奖。艺术科组开设剪纸、绘画、书法等兴趣小组，培养了一大批美术人才，三年来，共有23人考取了茂名市一中美术特长生。学校被评为"广东省文化传承学校"。

## 六、丰富班级文化，实现育人环境人文化

我校把班级管理的重心转为班级文化建设，让班级成为培育学生公民意识、提升学生素质和能力的重要基地，让学生成为班级管理的主体。在班级精神文化建设方面：各班学生以小组为单位，自行设计班级自治制度、班级口号、班级目标、班级文化主题，形成共同愿景，开启学习的原动力。在班级环境文化建设方面：各个教室都有自己的文化特色，如各班设有励志的"龙虎榜"、图书角、手抄报、班徽班歌设计等。班级文化建设丰富了学生的班级生活，为培育"四有"新人营造了浓厚的文化氛围。

几年来，教师共有283人次获得国家、省、市或市直属级别的奖励；学生有1525人次在各级竞赛中获奖，学校被评为广东省"书香校园"、广东省"体育特色学校"、广东省"交通安全示范学校"、茂名市"安全文明校园"和茂名市"德育示范学校"。学生参加中考，省重点中学茂名市一中上线率达29.3%，市重点中学以上上线率达83%，学生升学率达到98.3%；学校连续三年被评为"茂名市直属优质初中"。

（茂名市龙岭学校办学经验交流材料）

# 茂名市第一中学附属学校
# 义务教育标准化学校评估验收自评报告

我校自2013年8月开办以来,在市委、市政府和市教育局的正确领导下,坚持以德育为首,遵循教育规律,不断增强学校发展活力。以关爱学生为立校之本,以养成教育为突破口,以教科研为着力点,以创建"窗口"特色学校为目标,扎扎实实开展各项工作,圆满完成一个学期的工作任务。我校根据茂名市教育局《关于做好义务教育标准化学校评估验收准备工作的通知》(茂教直〔2014〕16号)的要求,对照《广东省义务教育标准化学校督导评估标准》的各项评估指标,认真地进行了自查,现将自查自评情况作如下报告。

## 一、学校概况

目前,我校有教学班46个,学生2430人,教职工164人。

## 二、致力打造"五项"办学优势

### (一)办学理念优势

我校根据校本实际,提出"文化引领,科学发展,规范与个性共存"的办学理念,确立"同进、互赢、圆梦"的办学口号,初步形成"明德、敏行、创新、图强"的校风,"勤学、善创、进取、感恩"的学风和"博学、垂范、包容、爱生"的教风。在办学实践中逐步形成完整的办学体系,让师生全面健康和谐发展,得到了师生、家长和社会的广泛认可,并且吸引了167名考取了广东省实验中学、广州市执信中学等名校资格的小学毕业生回到我校就读。

### (二)师资队伍优势

我校中层以上干部,年轻有为,积极向上,他们有活力、有拼劲、善开拓、敢担当,为广大教师树立了榜样。学校同时致力于建设一支"对学生尽心,对学校尽力，对教育尽情"的优秀教师团队，确立了"爱岗敬业、爱生如子、勤奋务实、勇于探索、乐于合作"的核心价值追求。为了着实打造师资队伍优势，主要努力做好以下几方面工作：

一是让教师深入了解和熟悉教学实际、教学方向和教学动态，组织教师学习新课程标准、学科教学大纲和近五年中考试题等业务学习。

二是加强教师信息化技术应用培训。先后8次组织全体老师参加课件制作和教学平台使用的培训。目前我校每个学科都能开发课件，每位教师都具备多媒体教学能力。

三是"请进来""走出去"。一方面，邀请市教研室全体教研员到我校进行全面的教育教学指导，同时邀请"广东省百千万专家人才"讲学团到我校进行学术交流，邀请广东省名校长、原市一中校长黄家祥到我校做《新理念下的课堂教学》专题讲座。另一方面，组织两批次的教师分别赴佛山华英学校、番禺石基中学等名校跟岗学习。此外，还多次派教师参加省、市名师工作室学习及中考研讨会等，不断提高教师的业务素养和理论水平。

四是树立先进典型，促进全体教师专业发展。通过评选表彰"十大最美教师""先进科组""先进备课组"等，为全体教师树立典范。强化教师团队意识，让教师们取长补短，促进全体教师的专业成长。

### （三）教学效果优势

一是强化集体备课，共享教学资源。我校制定了《茂名市第一中学附属学校集体备课制度》，要求集体备课必须做到"三定"：即定时间、定地点、定中心发言人；"五统一"：即要求统一、进度统一、资料统一、作业统一、考核标准统一。实行个人钻研与集体研究相结合，集思广益，共同解决教材教法等方面的疑难问题。重视二次备课，在集体备课形成的教案课件基础上进行个性化的处理，形成教师个人教学风格，共建高效课堂。

二是加强课题研究，提升教研水平。实施"科研兴校"战略，积极开展课题研究。彭志洪校长主持的课题《茂名地区初中家校合作的研究与实践》和刘震红老师主持的课题《古诗词有效教学策略研究》均获得广东省教育科研"十二五"规划2012年度研究项目，吴伟森主任主持的2012年度市级课题《语文学科与其他学科的有效整合》已经结题。学校特别拨出专款支持科研课题的开展，各科组建立科研台账，使教研工作常态化，大大提升全体教师的教研能力和水平。

三是优化课堂结构，提高教学质量。贯彻"面向全体、夯实基础、科学发展、创办特色"的教学思想，倡导启发式教学、互动教学、激励教学等教学模式；优化课堂结构，注重上好每节课，提高学生学习质量。强化学生学法指导，切实减轻学生负担，科学合理地布置作业，坚持全收全改或面批。抓好"一分三率"：即平均分和合格率、优秀率、80%优良率，大面积提高教学质量。期末全市统考，初一级53%的同学成绩优秀，各项指标位列市直初中的前列。

### （四）办学特色优势

目前，我校已初步形成以下特色：

（1）履行十项承诺。一是指导每位学生制订一个系统、科学的学习计划；二是让每个学生每学期参与一次班级管理；三是让每个学生每学年能主持一次班会；四是教师每学期与每位家长有一次互动；五是教师每周与每个学生有一次交流；六是各学科一学期让每个学生发言不少于三次；七是让每个学生每月都有一次展示的机会；八是让每个学生每天都能得到同学或老师的赞赏；九是对每个学生的作业每月至少面批一次；十是让每个学生每周参加一项以上体育或艺术等兴趣小组活动。

（2）创新"家校合作"教育模式。根据学生走读、寄宿的不同情况，成立茂名市第一中学附属学校第一届义工团、妈妈故事团等组织，开设班级家长QQ群、家长论坛，切实开展"教师走访千万家"等活动，加强与学生家长的交流互动，共同探讨教育学生的方法和内容。

（3）实施分层教育，因材施教。根据学生不同意愿和个性，开设第二课堂，采取"走班制"，加强对学生薄弱科目的辅导，培养学生的学习兴趣，发展学生思维，培养能力。汪鼎钧和陈思霖两位同学参加第五届广东省学生规范汉字书写大赛，荣获硬笔组二等奖。此外，初中三年分别按"养成教育、担当教育和前途理想教育"的规划进行教育，为全体学生全面可持续发展打下坚实的基础。

（4）实施健康工程，促进全体学生全面发展。除了抓好"两操"外，利用课外活动，组织全校学生进行"跑操"，提高学生身体素质，锻炼学生意志毅力，增强学生集体荣誉感。

### （五）办学条件优势

（1）打造数字化校园。在市教育局的大力扶持下，我校所有教室安装了多媒体教学平台和数字广播系统,动员教师自行购买了教学所需的手提电脑,实现了教学手段现代化。

(2)打造环境美校园。抓好卫生保洁工作,落实并强化卫生扫除、检查制度。卫生区每日定时清扫并随时保洁,做到室内外地面整洁无垃圾,绝无卫生死角。致力创建森林学校,对校园内的树木进行合理的整修和移栽,清除枯枝败叶;清理草坪的杂草,及时喷洒药物,防止病虫害。校园四季鸟语花香,成为师生工作、学习、休憩的理想场所。

(3)打造人文美校园。一是通过系列活动打造校园的人文美。充分利用教师节等节日开展丰富多彩的活动,举办"我的爱国情""中国梦,我的梦"等主题征文、演讲、书法比赛,让学生在各种活动中感悟爱国、感谢恩师、感恩生活,体验进步和成功的快乐;邀请教职工家属,共同庆祝教师节,增进教职工的归属感;成功举办了"庆2014年元旦暨'最美教师''最美学生'"颁奖晚会,充分发挥先锋模范作用,传递正能量,丰富了校园人文内涵。二是开展读书活动,打造书香校园。通过建设教室图书角,组织师生读书,开展形式多样的读书、征文活动,让师生在活动中感受快乐、温暖和力量,拓宽思想境界。三是通过校园文化建设打造校园人文美。在校园相宜的地方开设"学生作品展示栏""优秀学生风采展""最美教师""最美学生""安全教育小知识"等宣传栏,真正做到每一面墙壁都会"说话";在办公室内设置教育格言、教学反思专栏;在教室开展班级文化建设,如要求学生确立自己的奋斗目标和座右铭等隐性文化建设,夯实校园文化底蕴。

(4)打造安全文明校园。注重把安全工作做实、做细,努力营造一个安全文明的校园环境,确保师生安全。

一是建立和完善各种安全管理制度。制定了《茂名市第一中学附属学校安全工作管理制度》《茂名市第一中学附属学校防溺水预案》等10多项安全工作管理制度,强化安全工作管理,使安全工作有章可循。

二是落实"一岗双责"。按照安全目标责任制,明确各自分工和职责,齐抓共管,形成合力;同时,各处室与具体负责有关岗位的工作人员签订安全责任书,尤其对门岗值班、宿舍管理、楼层值班、放假期间等易出问题的地方和环节,强化安全责任意识,加强督导,落实检查,做到责任到人、群防群治。

三是重视校园安全教育。将安全教育纳入学校的教育教学计划,重点开展"六防"(防溺水、防交通事故、防火、防震防灾、防食物中毒、防传染性疾病传播）教育。利用每天下午最后一节课，对学生进行 5 分钟的安全教育；每周星期五下午最后一节课，由班主任对学生进行 15 分钟的安全教育。此外，还利用校讯通、QQ 群、LED 屏幕等信息平台，在节假日、汛期、高温天气、秋冬干燥季节发布安全温馨提示，促使学生良好安全行为习惯的养成。

同时，以活动强化安全育人实践。通过演讲比赛、图片展览、主题班会、观看视频等活动进行毒品预防教育和交通安全教育；通过知识竞赛、手抄报、黑板报比赛、征文比赛等活动进行防溺水、防食物中毒、防自然灾害，以及安全用电、安全用火等教育；邀请有关专家到学校进行安全教育。2013 年 11 月 8 日，邀请市消防局的官兵来我校指导进行"119"消防安全演练；2013 年 12 月 2 日，市教育局、市公安局在我校举行以"摒弃交通陋习，安全文明出行"为主题的"12·2"全国交通安全日宣传教育活动；2014 年 11 月 30 日，我校派出初一 300 名学生参加由市教育局组织的网络安全教育活动。通过以上一系列活动，增强师生安全防范意识，提高师生避险自救能力，真正做到安全警钟长鸣。

四是加大安全经费投入和配备专业人员。在每学期初就投入大量安全工作专项经费，用于安全专题活动开展、安全器械采购、安全培训等方面。同时，还足额配备了 10 名校警，协助本校开展"黄埔军校式"安全管理。

## 三、标准化学校创建过程和对照评估标准自查情况

### （一）标准化学校创建过程

为切实加强对学校标准化创建工作的组织领导和统筹协调，经研究，决定成立学校标准化建设实施领导小组。成员如下：

组　长：彭志洪

副组长：陈有育　黄日周

组　员：吴伟森　李月平　彭雄东　杨贺　杨敏　许泽明　朱丽燕　陈伟庆　曾俊达　张召桂　梁智雄　梁世旭

领导小组负责制定学校标准化建设的工作方案，争取上级标准化建设的项目资金，抓好项目落实、硬件装备采购、师资队伍建设、学校管理和教育教学工作。

在创建初始，我校针对创建标准，确定了学校创建目标，并努力去实现目标：

（1）办学条件明显改善。以义务教育标准化建设为契机，多渠道筹措资金，

加大投入力度，使教育教学仪器及现代教育技术装备全面达标，使学校布局更加趋于科学合理，专用教室建设更加规范、标准，校园环境更加优雅整洁，学校文化建设品位得以提升，整体办学条件明显改善。

（2）学校管理科学规范。在标准化建设过程中，把强化学校管理作为实施义务教育学校标准化建设的重要内容，坚持以法治校，实施科学管理，努力提高管理水平。

（3）教师队伍更加专业。加强教师队伍建设，优化教师队伍，促进整体素质全面提升。通过外出学习和校本研修，打造专业化教师队伍。

（4）教育质量全面提高。全面实施素质教育，坚持"德育为首"，严格执行课程方案，开齐开足国家、地方和学校三级课程。积极开展教育教学改革，建立促进学生全面发展的评价体系，促进教育质量全面提高。

## （二）对照《广东省义务教育标准化学校督导评估标准》评定细则自查自评情况

### 第一部分  校园、校舍

**标准 1.1** 生均校园占地面积：小学生均校园占地面积不低于 $15.3m^2$，初中生均校园占地面积不低于 $19.6m^2$；地级市中心城区小学不低于 $9.4m^2$，初中不低于 $10.1m^2$。

自查说明：

自查结果：达标

**标准 1.2** 生均校舍建筑面积★：生均校舍（不含宿舍）建筑面积小学不低于 $5.1m^2$，初中不低于 $6.8m^2$。

自查说明：

自查结果：达标

**标准 1.3** 体育活动场地、器材：达到《广东省义务教育标准化学校标准》要求。

自查说明：

自查结果：达标

### 第二部分  教学及教学辅助用房和仪器设备、图书

**标准 2.1** 实验室（科学教室）★：初中应设有理、化、生实验室/探究室（含仪器室、准备室）。小学应设有科学教室。九年一贯制学校应设有理、化、生实验室/探究室（含仪器室、准备室）及科学教室。初中和九年一贯制学校19班

以下生物实验室/探究室可与化学实验室/探究室合设。

自查说明：

自查结果：达标

**标准 2.2 普通教室和其他功能场室**：设有普通教室（含机动教室）/多媒体教室、计算机教室、图书室（馆）、教师阅览室、学生阅览室、电子阅览室、多功能教室/远程教育教室、音乐教室（舞蹈教室）、美术教室（书法教室）、地理教室（初中设）、综合实践活动室、综合实践活动器材室、体育活动室、体育器材室、心理咨询室、卫生室、团（队）室、广播室、综合档案室、生物园、小气象站（初中设地理园）。6个班以下的教学点、非完全小学应当有多功能教室（兼作多媒体、音乐、美术、科学等教室）、图书室、少先队部室等。

自查说明：

自查结果：达标

**标准 2.3 教育信息化水平★**：能接入互联网或本地城域网、广东教育视频网，各普通课室、功能场室均有网络接入点；网络多媒体普通教室占普通课室总数的50%，普通课室逐步建成网络多媒体教室；每位教师配备一台个人专用计算机（或者手持终端）；每100名学生教学用终端数：小学达10，初中达15；多媒体授课比例达10%。

自查说明：

自查结果：达标

**标准 2.4 教学仪器设备★**：教学仪器设备的品种、规格、数量基本达到国家和省的配备标准，每4个平行班配1套，分组实验仪器按2人1组配备；学校采用信息化等科学手段管理教学仪器设备并有效使用。

自查说明：

自查结果：达标

**标准 2.5 生均图书册数★**：生均图书册数小学20册以上，初中25册以上；每年新增图书比例不少于藏书量标准的1%。图书室（馆）的图书要符合学生、教师的实际需要，有一定数量的教参资料、工具书和报刊；采用信息化等管理手段有效管理并提高阅读率。

自查说明：

自查结果：达标

## 第三部分　办学规模、班额

**标准　3.1 办学规模**：办学规模适度，原则上小学、初级中学不超过 36 个班，九年一贯制学校不超过 54 个班。

自查说明：

自查结果：达标

**标准　3.2 班额★**：小学班额不超过 45 人，初中班额不超过 50 人。进城务工人员随迁子女占 30% 以上的学校，小学不超过 50 人，初中不超过 55 人。

自查说明：

自查结果：达标

## 第四部分　校长、教职员队伍建设

**标准　4.1 师生比★**：师生比达到省定编制标准（小学师生比：城市达 1∶20.6，县镇、农村达 1∶23.3，初中师生比：城市达 1∶15.3，县镇、农村达 1∶18.1）；按国家和省规定配备专职体育、音乐、美术、心理、卫生（保健）等教职员。6 个班以下的教学点、非完全小学每班不少于 1 名教师。

自查说明：

自查结果：达标

**标准　4.2 校长任职资格和学历要求**：正副校长均符合国家规定的任职条件，并取得任职资格证书；小学的校长具有大专以上学历和中级以上专业技术资格，初中和九年一贯制学校的校长具有本科以上学历和中级以上专业技术资格。

自查说明：

自查结果：达标

**标准　4.3 专任教师学历达标率★**：专任教师均具有相应层次或更高层次的教师任职资格，专任教师学历达标率达 100%。

自查说明：

自查结果：达标

**标准　4.4 教师继续教育**：按照年度公用经费预算总额的 5% 以上安排培训经费；教师每年应完成累计不少于 12 天或 72 学时的年度继续教育任务。

自查说明：

自查结果：达标

## 第五部分　卫生安全保障、生活设施

**标准　5.1 校址和周边环境★**：校址校舍符合对地震、山体滑坡、泥石流、地质塌裂、暗河、台风、洪涝等自然灾害的防灾避险安全要求；高压电线、输油（气）管道严禁穿越或跨越校园；校园及校内建筑与污染源的距离应符合对各类污染源实施控制的国家现行有关标准的规定。

自查说明：

自查结果：达标

**标准** 5.2 校园安全：配备安保人员，安全设施齐全，学校安全保障体系健全，学校安防工作达到义务教育标准化学校安全建设要求。

自查说明：

自查结果：达标

**标准** 5.3 后勤保障要求：城镇学校食堂食品安全量化分级达到 B 级、农村学校达到 C 级以上要求；能通过自来水、二次供水或自备水源，并设置开水房或安装饮水设施向学生提供卫生安全饮用水；学生厕所能满足学生课间如厕的需要，并有冲水设施。寄宿生宿舍符合安全、卫生、健康标准，浴室、厕所及消防、报警设施齐全；每生一张床。

自查说明：

自查结果：达标

**第六部分 学校管理与素质教育**

**标准** 6.1 管理与规范：树立德育为先，能力为重，全面发展的育人理念；全面推进依法治校，学校各项管理制度完善；管理规范，岗位责任明确，工作落实到位；有较好的校风、教风和学风。

自查说明：

自查结果：达标

**标准** 6.2 学生免试就近入学和常态编班★：学生免试就近入学，学校实行常态编班，没有分重点班、快慢班、特长班、实验班等违法违规行为。

自查说明：

自查结果：达标

**标准** 6.3 国家课程计划执行情况★：开齐、开足国家课程，严格执行省、市教育行政部门规定的课程教学计划。

自查说明：

自查结果：达标

**标准** 6.4 学生减负要求★：安排学生作业数量和内容符合国家和省的有关规

定；不占用学生法定休息时间集体补课，不利用早、晚自习和午休等时间上课、集体辅导或考试，没有举办或者参与举办辅导班，没有动员和组织学生参加社会上的其他辅导班，切实减轻学生过重的课业负担。

自查说明：

自查结果：达标

**标准** 6.5 教学改革：教学研究工作扎实开展；不断深化教学改革，探索面向全体学生的高效课堂教学，积极探索启发式、探究式、参与式等教学模式，激发学生学习兴趣，培养良好学习习惯。

自查说明：

自查结果：达标

**标准** 6.6 学生综合素质评价：学校、家长、社会多方参与的学生评价机制基本形成；综合素质评价制度完善，采用学业成绩与成长记录相结合的评价方式，科学评价学生的德、智、体、美、劳全面发展状况。

自查说明：

自查结果：达标

**标准** 6.7 校园体育艺术活动★：制定并公布学生阳光体育运动工作方案，切实保证学生每天1小时校园体育活动时间；体育艺术"2+1"专项教育活动正常；学校应每学年至少举行一次以田径项目为主的全校性运动会、艺术节。

自查说明：

自查结果：达标

**标准** 6.8 学生体质健康★：实施《国家学生体质健康标准》（以下简称《标准》），建立学生健康管理制度和每年一次学生健康体检制度，做好全体学生体质健康测试；按国家要求上报《标准》测试数据；《标准》测试合格率达92%以上，优良率达70%以上并逐年提高。

自查说明：

自查结果：达标

**标准** 6.9 生均公用经费支出水平及预算管理制度执行情况★：生均公用经费支出水平达到当年省定标准；建立了学校的预算管理制度且严格执行。

自查说明：

自查结果：达标

**标准** 6.10 推广普通话和推行规范汉字：推广普通话和推行规范汉字，教育

教学使用普通话和规范汉字。

自查说明:

自查结果:达标

**标准** 6.11 推进学校、家庭、社会三结合教育:推进学校、家庭、社会三结合教育,学校成立家长委员会,重视家长家庭教育指导。组织学生开展社会实践教育,积极发挥青少年宫、学生综合实践基地等青少年校外活动场所作用。

自查说明:

自查结果:达标

通过对照《广东省义务教育标准化学校督导评估标准》评定细则自查自评,我校的自评结果为义务教育达标学校。

## 四、存在的问题及整改措施

### (一)根据自评,发现我校存在如下具体问题

(1)各种办学设施仍不完善,存在安全隐患。如教学楼、宿舍走廊的扶栏过低,地板砖起拱破损。

(2)校园电网超龄服役,教师队伍老龄化严重,缺少骨干教师,缺少名师引领等。

(3)学校各种实验室和专用教室从设施上看还处于较低水平,只能基本满足教育教学需要。缺少现代化档案室,没有现代化的图书室、阅览室和必要的音像资料库,无法满足教育教学需要。

### (二)根据自评中发现的问题,我校下一步的整改措施

(1)学校发展目标。一是通过三年努力,以文化引领创新学校管理,完善校园文化育人环境,优化教育教学资源,抓好教师队伍建设;改善办学条件,强化安全管理,创新办学特色,提高办学质量,把学校办成我市"窗口"式的现代化学校。二是逐步实现小班制教学,争取三年内将班额控制在 50 人以内。三是完成图书馆、体育场馆、校园绿化、校园文化、校园教育教学信息化等升级改造工程,进一步完善教学设施设备,实现办学条件和校园环境育人功能的提升。

(2)教师发展目标。一是合理配置教师,提升学历层次。根据学科需要合理

配置专任教师，专任教师学历必须达到本科（含本科）以上。二是坚持以人为本，提升人文情怀。要求教师形成"博学、垂范、包容、爱生"的教风，增强"三种意识"，即责任意识、团队意识、创新意识，工作做到"三心"，即爱心、细心、恒心，进一步提升教师的人格魅力。三是加强教师培训，提升教师业务水平，促进教师专业成长，形成骨干教师、名师梯队，争取5年内培养省、市名师及学科带头人5人。

（3）学生发展目标。一是学生具有健全的人格，操行评定合格率100%。具有强健的体魄，体育达标率100%；具有健康的心理素质，心理健康合格率100%。二是"一分四率"、中考上市一中人数及各项主要指标保持在市直初中领先地位，各类学科竞赛成绩保持在茂名市同类学校前列。

通过自评，使我们清楚地认识到，学校自评工作是推进标准化学校建设的有效措施，是对标准化学校建设成果认定不可缺少的手段，也是学校查摆问题、整改问题、理清思路、明确发展目标的重要操作平台。学校自评不仅要注重评估结果，更要注重通过自评促进各项工作的开展以及变化的过程和幅度，努力激发学校的内在活力，达到不断改进、不断发展的目的。

# 发挥多种教育优势
# 尽显书写教育特色

## 一、办学三年，规范语言

茂名市第一中学附属学校，是茂名市教育局直接管理的一所全日制中学，也是市委、市政府和市教育局重点扶持发展的学校。学校现有学生4378人、教师219人，70个教学班。学校坚持高起点、新思路、创特色的办学思路，办学三年，教师爱岗敬业，学生积极向上，办学成绩斐然，赢得了社会广泛赞誉和家长们的充分肯定。

学校坚持"文化引领、科学发展、规范和个性共存"的办学理念，十分重视语言文字规范化工作，始终把语言文字规范化工作作为学校重点工作来抓。学校教师全部通过普通话等级考试，达标率100%。

## 二、发挥优势，彰显特色

我校根据新课程提出的教育目标，在"写字教育"中，引导学生"笔下留情"（情感），"快乐写字"（态度），"用心写字"（价值观）。我校于2014年9月份开始开设写字课校本课程，让学生初步感受汉字横平竖直、方方正正的形体美，开发其非智力因素——规范、端正、整洁的书写审美情趣；培养其正确的写字姿势和良好的写字习惯，引导学生养成细心、耐心、恒心的优秀品格。为此，学校做了大量卓有成效的工作，归纳为以下几个方面。

### （一）开好校本课程

为了更好地保障规范书写教育，确保写字校本课程的实效性，学校创造了"领导小组—语文科组—教师—学生通力合作"的模式，开发了校本的写字教材，开设书法教育课程。

**1. 成立课程开发领导小组（负责课程的初步审议）**

组长：彭志洪

副组长：陈有育　关世兵　李月平　朱丽燕　许泽明

组员：全体语文教师

**2. 成立课程开发研究小组（负责课程的具体开发、落实）**

组长：彭志洪

副组长：吴晖红　许泽明

组员：语文科组长、全体语文老师、全体班主任

在具体的实施阶段，我校形成"校长室—教研室、体卫艺处—科级组—教师（班主任）—学生"的五级管理网络，力求层层把关落实，确保责任到人。整个规范化汉字书写工作做到了组织得力、方案科学、规划细致、措施得当、检查认真，落实到位、成效显著。

到目前为止，我校已经编撰了《楷书入门教程——颜真卿多宝塔碑》《楷书入门教程——柳公权玄秘塔碑》两本校本书法教材。

### （二）设置两个保障

健全的制度是语言文字工作稳步发展的保证。我校十分注重语言文字管理制度的建设，建立和完善了规范语言文字工作的长效机制，并结合我校语言文字工作的实际，规范常规管理，确保语言文字工作的可持续发展。

（1）制度保障。学校先后制定了《茂名市第一中学附属学校语言文字管理制度》《茂名市第一中学附属学校语言文字工作制度》《茂名市第一中学附属学校用字监督监测制度及督促整改制度》等一系列规章制度，从制度上保证书法教育的有效实施。

（2）活动保障。成立书法协会，在学校艺术楼设置了专门的书法室。每周四下午5：10—5：45开设书法兴趣小组，对有兴趣的学生进行书法培训，其中包括硬笔书法和软笔书法，为字写得好的学生或有兴趣的学生创设良好的条件。

### （三）实现三个创新

**1. 活动组织的创新**

建校三年，学校坚持每学期组织"三个一"活动。

（1）每个学年举办一次全校师生的现场书法比赛，营造良好的规范书写汉字氛围，通过比赛促发展。除此之外，每周星期一安排学生、教师在国旗下讲话。

（2）坚持每学期举行一次书法作业展评。展评中，师生们争相观看，大家在交流中取长补短，互相促进，共同提高。坚持每学期评选一次"优秀作品奖"等奖项，比例约占各班的10%，班班都有，并予以表彰奖励。为学生树立了学习的榜样，极大地激发了学生练字的兴趣。除此之外，我们还定期开展"手抄报竞赛""黑板报比赛"等丰富多彩的活动，鼓励学生写规范字，自觉消灭错别字、繁体字、异体字等。

（3）每学期举办一次教师基本功大赛，有演讲比赛、毛笔字比赛、硬笔字比赛、粉笔字比赛，教师分阶段交流写字课教学的心得体会，在反思中成长。

**2. 措施落实的创新**

我们学校为了更好地落实教育部关于中学写字课程教学计划，特别安排了每天15分钟的写字教学课，在这15分钟内由语文老师现场指导学生，按席殊"汉字正写法"的要求（包括坐姿、握姿、笔顺等）进行当天语文课中生字词的书写练习，这样既很好地完成了当天的生字词学习任务，又完美地落实了写字、练字教学计划，实现正心育人、修身养性、丰富人生的美好愿望。

**3. 长效机制的创新**

每学期每位学生都要完成写字校本课程特设的开学作业与结业作业，形成对比，让每位学生都能直观地感受到自己的进步并拥有成就感。学校每学期均有计划性地对学生的书法学习进行阶段评估与考核总评，并列入个人期末总评成绩。

## （四）突显四大特色

**1. 扎实理论**

写字教学的过程中，我校着重引导学生回顾学习汉字正写法的四环节中每个环节的重点：第一个环节是"正身—正字"。写字从正身开始。"正身"就是正确的坐姿和执笔方法，这是写好字的前提。第二个环节是"正心—正察"。察字前需"正心"，把散乱的心、还在别处的心转移到"当下"的写字状态中来。第三个环节是"正意—正临"。"临字"要"意在笔先，笔到意到"。"正意"即要求进入当下，用心写字，这也是专注力的训练，对集中注意力非常有效。第四个环节是"正念—正校"。正念是要求学生把握正确的校正和评价标准。务必要"心存正念"，正念在心，一刻不离，就不会偏离目标，迷失方向，就可以及时反馈。

### 2. 学科整合，形成优势

为了提高我校师生的汉字书写水平，营造良好的文化氛围，我们对全校的资源进行整合，进行多角度的渗透。

与语文课程整合：保持学生正确坐姿与握笔方法，教学汉字的笔顺与间架结构，以及在田字格中的正确书写位置，要求横平竖直、方方正正，逐渐减少学生的涂改概率，并采取正确率与书写美观"双重"评价方式。

与数学课程整合：保持学生优良坐姿与握笔方法，要求汉字与数字的书写清晰，少涂改；作业、卷面干净整洁，注意谋篇布局，把字写进相应的格线内；画线用直尺，养成良好的书写习惯。

与音乐课程整合：听、学、唱有关汉字书法的相关歌曲，创编汉字舞，体验汉字的形、意、美。

### 3. 德育渗透，深入人心

在书法教学中培养学生学习书法的兴趣，激发学生学习艺术的意志力和恒心，从而引导学生树立高尚的艺术思想，培养其良好的艺术素质，发挥"以书载道，书道融汇育人"的德育隐性渗透教育新形式的最大作用。在书法教育中有机结合德育，对学生进行"规规矩矩写字，认认真真做事，堂堂正正做人"的教育，不仅能使学生养成自觉读书、勤于动笔的好习惯，还能使学生从健康的内容中吸取思想营养、陶冶思想情操、提高精神境界、净化心灵、树立健康向上的人生观。我校创造性地把书法教育和养成教育、思想教育结合起来，让德育渗透到书法教育当中，使书法美深入人心，学生人人爱书法、学书法、懂书法。

### 4. 多渠道全方位促进书法教学

例如：通过举行现场书法大赛和现场书法展示来提高书法在学生中的影响力；通过书法上墙，在班级文化建设中营造浓郁的书法学习氛围；通过邀请书法造诣较深的家长来学校开班教学，促进家校互动；通过广播站宣传练习书法心得、举行听写大赛来考验学生的汉字书写规范程度；通过丰富多彩的社团活动来为书法教学增添光彩。此外，各学科教师均重视学生语言文字规范意识和应用能力的培养和训练，在所有教育教学活动中，把汉字规范教育贯穿到日常教学的各个环节，备课写教案、上课板书、批改作业、考试评卷、课外辅导都要做到汉字使用规范化，并坚持每学期期末进行效果检查。

### （五）取得五点成绩

美丽校园，迎来花繁叶茂；读书活动，展现师生风采；规范汉字书写教育，结出累累硕果。

（1）我校学生的书法作品多次获得省、市、县级的奖励。2014年，林芷淇、林芷滢、吕梓蒙等几位同学参加茂名市"平安校园·长盈杯"师生书法大赛，获三等奖。2014年，在第六届广东省学生规范汉字书写大赛中，我校汪鼎钧同学获得硬笔字一等奖，陈思霖、王睿思两位同学获得硬笔字二等奖，吴学深、黄奕两位同学获得硬笔字三等奖。

（2）教师撰写论文的水平有很大提升。彭志洪校长等一大批教师三年来在《广东教育》等省、市级报刊发表论文80多篇，获市级以上荣誉论文50多篇。在茂名市"'新华育才杯'5000校长话创强（市直属学校赛区）"比赛中，我校陈有育副校长以一篇《创强不可弃弱》获得一等奖。

（3）学生书写水平整体提高。练好字、写好字的氛围浓厚，越来越多的学生能写一手工整的硬笔字和毛笔字。

（4）学生综合素质大幅提升。学校充分发挥学生会和团委职能，不定期举办精彩纷呈的社团活动，如英语沙龙、书法比赛、朗诵比赛、歌唱比赛、辩论赛等，给学生提供一个施展才华、展示自我的大舞台，也给学生筑建了一座建立友谊、增强集体凝聚力和团结精神的桥梁。

（5）2016年，在广东省"少年传承中华传统美德"之"墨香书法展示"活动中，我校许龄予、汪鼎均获得二等奖。广东省第五届中小学生艺术展演活动评选结果近日揭晓，我校师生选送的艺术节目和艺术作品参加中学组的评比获得佳绩，分别获得广东省二等奖1项，三等奖3项；获得茂名市一等奖4项，二等奖2项，三等奖3项，5位老师获得优秀指导奖。

## 三、直视问题，明确方向

语言文字工作的开展与坚持是一项长效性的工作，虽然我校已取得一些成绩，但目前我校的语言文字工作尚存在一定的不足。今后，学校将一如既往，坚持不懈，用一项项丰硕的成果去建设美好的茂名市第一中学附属学校！

对照《广东省规范汉字书写教育特色学校评分指标》的各项指标，我校对创建省规范汉字书写教育特色学校进行了认真的自查评分，自查结果为：①组织管理得分20分；②教育教学得分35分；③能力素质得分20分；④宣传和文化建设得分14分；⑤教育科研得分5分；⑥示范引领得分5分；总得分99分。我校符合广东省规范汉字书写教育特色学校标准，特此申报认定广东省省级规范汉字书写教育特色学校。

（申报广东省规范汉字书写教育特色学校自评报告）

# 让教师在集体的大熔炉中幸福成长

我校是2013年在原茂名市第一中学旧址创办的一所初级中学,现有教师219人,其中中学高级教师64人,中学一级教师59人,年轻教师104人,占教师总人数的47.5%。三年来,学校坚持把建设高素质、专业化的教师队伍作为我校加快实现教育现代化、办好人民满意的教育的本质要求和内在驱动力,努力开展教师校本培训,积极选送教师参加国家、省、市的各种学习培训,组建教师联盟,坚持"请进来,走出去",迅速提高教师理论和专业素养,让教师在集体的大熔炉中幸福成长。具体措施如下:

## 一、"老带新,新促老",教师共同进步

针对新老教师较多的情况,我校开展"以老带新,以新促老"教学互动活动,通过让年轻老师和教育教学经验丰富的教师进行"师徒"结对,以老教师的经验促年轻教师成长,以年轻教师的新理念促老教师观念更新,发扬团队精神,发挥集体智慧,彼此团结互助,形成教育教学合力,共同进步,使我校涌现一批工作积极、甘于奉献、乐于不断提升自己的年轻教师和一批扎实肯干、默默耕耘的骨干教师,如语文科陆凤老师和钟惠老师、英语科梁玉衡老师等。

## 二、选送骨干教师参加培训,培养名师梯队

学校十分重视选派教师参加国家、省、市的培训,引导教师把外出培训学习作为最好的福利。先后选派了李月平等18名教师参加省骨干教师培训,刘高雄等8名教师参加市骨干教师培训,许力衡、吴红梅老师参加市青年名师培训,此外,还多次派多位老师参加省、市名师工作室学习。通过培训,这些教师的理论水平和业务素养显著提高,已成为我校教学中坚力量和名符其实的骨干教师、名师、学科带头人,带动了我校其他教师更好地成长。一个好的团队,少不了车头带,彭志洪校长也积极参加第四批广东省京粤苏中青年校长培训,现为第二批广东省"百千万"中学名校长培养对象,2015年被评为茂名市优秀校长。青年干部李月

平、彭雄东、吴伟森是茂名市直属学校校长后备人才培养对象，杨敏等6位教师被遴选为广东省骨干教师培养对象，张召桂等15位教师分别被评为茂名市优秀教师和茂名市直属学校优秀教师，许力衡和吴红梅老师被遴选为茂名市青年名师培养对象。

### 三、"走出去、请进来"，提高教师整体理论和专业素养

近三年，我校组织教学骨干教师外出学习多达367人次，分别到江苏泰州姜堰区励才实验学校、扬州市邗江外国语学校、佛山华英中学、番禺石基四中、惠州一中、江门新会葵城中学等学校交流学习。此外，还多次派教师参加省、市名师工作室的学习及中考研讨会等活动。通过学习交流，可以更新教学理念，创新教学思维，提高教师的教学水平，进而提高整体教学质量。另外，我校每学期定期举办两次大型教研活动。一是大型教学科研活动，二是"学校开放日"教研活动。每次活动，都邀请名校长、名教师和市教育局教研室全体教研员到校进行全面的教学指导，为我校教师传经送宝。

### 四、组织校本培训，打造高效课堂

为了让教师能更深入了解和熟悉教学实际、教学方向和教学动态，学校开展"教学案编写""理化生实验课设计""初二学生心理特征""新网络词汇""新理念下的课堂教学""'三个三分之一'的教学模式"等校本教师培训，通过培训学习，锤炼教师的基本功和教学能力，促进教师专业发展，提高了学校教师的教学业务水平和课堂教学艺术，使互动教学和激励教学以及讲、议、练、评教学在我校普遍开展，大大提高了课堂效率，深受学生的喜欢。另外，为了进一步推广现代化的教学手段，学校实现了平板教学设备人人通、班班通，每个学期4次组织全体老师参加课件制作和教学平台使用的培训，切实提高教师利用信息技术整合教材、教学的水平和能力，努力打造高效课堂。

### 五、组建教师联盟，倡导集体创优

由于教师素质参差不齐，个性差异很大，我校组建了教师联盟，包括班主任联盟、班级楼层联盟、科任教师办公室联盟等，积极发挥"联盟"效应，这样既尊重了教师间的差异，又发挥了教师的长处，补足了短板，使教师在联盟中发挥

集体智慧，发扬团队精神，相互学习，相互补位，共同进步，共同成长。

我校倡导集体创优，经常开展集体竞赛。如最美办公室评选竞赛、最美备课组教师基本功竞赛、最美教研组课题研究竞赛、最美级组教师微课竞赛等，让教师在集体竞赛中，互相帮助，共同提高，增强集体荣誉感，倍感集体温暖，以此形成集体的合力，助力教师迅速成长，促进学校和谐发展，让教师在集体的大熔炉中幸福成长，并在幸福之中屡创佳绩：如杨木娟老师参加2016年教育局直属初中数学教师说课比赛，以总分第一名的好成绩获得一等奖；陈颂敏、黄晓艺等老师荣获广东省自制教具二等奖；陈颂敏荣获"自制教具能手"称号；黄桂花、朱淑贞老师等一大批教师在自制教具展评活动中荣获省、市奖奖励；黄金兰、周秋玲两位老师参加广东省中学思想品德教学设计评选荣获一等奖。

### 六、完善学校管理制度，引导教师全面成长

为了促进教师全面发展，我校先后制定并完善《茂名市第一中学附属学校强师工程实施方案》《茂名市第一中学附属学校年轻教师培养工程实施方案》《茂名市第一中学附属学校教师专业发展跟踪方案》《茂名市第一中学附属学校中层干部培养实施方案》《茂名市第一中学附属学校教学常规管理措施》《茂名市第一中学附属学校绩效考核试行办法》《茂名市第一中学附属学校奖励性绩效工资分配方案》《茂名市第一中学附属学校班级管理量化考核办法实施方案》《茂名市第一中学附属学校教育教学成绩奖励办法》等制度，围绕制度，具体落实如下措施：

（1）走出去，学人之长。每个学期，我校组织领导、教师外出学习多达80人次。例如，曾经组织教师到江苏泰州姜堰区励才实验学校、扬州市邗江外国语学校、佛山华英中学、番禺石基四中、惠州一中、江门新会葵城中学等学校交流学习。此外，还多次派教师参加省、市名师工作室学习及中考研讨会，不断提高教师的业务素养和理论水平。通过学习交流，更新教学理念，创新教学思维，努力提高教师的教学水平，进而提高整体教学质量。

（2）请进来，传经送宝。每个学期，我校都举办了两次大型教研活动。一是开展大型教学科研活动，二是"家长开放日"教研活动。每次活动，都邀请市教育局教研室全体教研员到校进行全面的教学指导，为我校教师传经送宝。

（3）结对子，传带帮扶。为了提高教研能力，提升教师教学水平，每学期我校都开展"结对子，传带帮扶"活动，由各科组经验丰富的教师与一名年轻教师

结对子，传授教育教学经验，让年轻教师特别是新教师快速成长，形成学科合力，提高教学质量。在老教师们的帮助下，我校涌现了一批新的教学能手，如语文科组的林海宇、地理科组的陈德炯、历史科组的邱健。

（4）搭平台，展现风采。学校通过开展"新教师优质课评比""高级教师示范课评比""科组外出学习交流""集体备课（二次备课）""同课异构""课堂大比武"等教研活动，优化师资，创新教研，进一步提高教师的专业化水平，以达到"抓教研促质量"的目标。

（5）巧创新，提高效率。我们的课堂教学坚持以学生为主体，努力创新教学模式，切实践行"三个三分之一"的教学模式，引导教师构建互动性、激励性、探究性、点拨性、情景性的课堂教学模式，做到把课堂还给学生，让学生自主探究、主动学习，使课堂更有效、更高效，为全面提升学校教学质量奠定坚实的基础。

强校先强师。促进强师工程，打造强师效应，任重而道远。学校定会以"强师工程"活动为契机，以提升教师综合素养为目标，以办好人民满意的教育为宗旨，积极扎实推进"强师"工程，努力培养出一大批名师、骨干教师，使教师在集体的大熔炉中幸福成长。

（茂名市第一中学附属学校"强师工程"汇报材料）

# 规范使用汉字，营造国学氛围

## 一、学校基本情况

学校以提高学生的综合素质为宗旨，坚持以人为本、面向全体、创办特色、科学发展的办学理念，学校坚持"高起点、新思路、创特色"的办学思路，必将形成高起点办学、高水平教学、高质量升学的教育平台。学校十分重视语言文字规范化工作，始终把语言文字规范化工作作为学校的一个重要组成部分。学校教师全部通过普通话等级考试，达标率100%。我校根据新课程提出的教育目标，在"写字教育"中，引导学生"笔下留情"（情感），"快乐写字"（态度），"用心写字"（价值观）。我校于2014年9月份开始开设写字课校本课程，让学生初步感受汉字横平竖直、方方正正的形体美，开发非智力因素——规范、端正、整洁的书写审美情趣；培养正确的写字姿势和良好的写字习惯；养成细心、耐心、恒心的品格等。

## 二、规范管理促落实

常言道："字无百日功"。练字是持久战，写字不可能速成。

（1）为了更好地落实教育部关于中学写字课程的教学计划，我校特别安排了每天15分钟的写字教学课，在这15分钟内由语文老师现场指导学生，按席殊"汉字正写法"的要求（包括坐姿、握姿、笔顺等）进行当天的语文课中生字词的书写练习。

（2）建设书法室，成立书法协会。每周四下午5：10—5：45开设书法兴趣课，其中包括硬笔书法和软笔书法，为字写得好的学生或对书法有兴趣的学生创设良好的条件。

（3）每学期每位学生都要完成写字校本课程特设的开学作业与结业作业，形成对比，让每位学生都能直观地感受到自己的进步并拥有成就感。

（4）每学期坚持组织"三个一"活动：①每个学年举办一次全校师生的现场

书法比赛，营造良好的氛围，通过比赛促发展；②坚持每学期一次书法作业展评；③坚持每学期评选一次"优秀作品奖"等奖项，比例约占各班的10%。除此之外，我们还定期开展"手抄报竞赛""黑板报"等丰富多彩的活动，鼓励学生写规范字，自觉消灭错别字、繁体字、异体字等。

（5）教师分阶段交流写字课教学的心得体会，在反思中成长。

（6）每学期均有计划性地进行阶段评估与考核总评。

### 三、突出特色促提高

（1）扎实理论。写字教学的过程中，我校着重引导学生回顾学习汉字正写法的四环节中每个环节的重点：第一个环节是"正身—正字"。第二个环节是"正心—正察"。察字前需"正心"，把散乱的心、还在别处的心转移到"当下"的写字状态中来。第三个环节是"正意—正临"。"临字"要"意在笔先，笔到意到"。第四个环节是"正念—正校"。正念是要求学生把握正确的校正和评价标准。务必要"心存正念"，正念在心，一刻不离，就不会偏离目标，迷失方向，就可以及时反馈。

（2）学科整合，形成优势。为了提高我校师生的汉字书写水平，营造良好的文化氛围，我们对全校的资源进行整合，进行多角度的渗透。

（3）德育渗透，深入人心。在书法教学中培养学生学习书法的兴趣，激发学生学习艺术的意志力和恒心，从而培养学生良好的艺术素质，树立高尚的艺术思想，发挥"以书载道，书道融汇育人"的德育隐性渗透教育新形式的作用，在书法教育中有机结合德育，对学生进行"规规矩矩写字，认认真真做事，堂堂正正做人"的教育。

（4）各学科教师均重视学生语言文字规范意识和应用能力的培养和训练，在所有教育教学活动中，把汉字规范贯穿到日常教学的各个环节，备课写教案、上课板书、批改作业、考试评卷、课外辅导都要做到汉字使用规范化，并坚持每学期期末进行效果检查。

（5）多渠道、全方位促进书法教学。如通过举行现场书法大赛和现场书法展示来提高书法在学生中的影响力；通过书法上墙，在班级文化建设中营造浓郁的书法学习氛围；通过邀请书法造诣较深的家长来学校开班教学，促进家校互动；通过广播站来宣传练书心得、举行听写大赛来考验学生的汉字规范程度；通过丰

富多彩的社团活动来为书法增添光彩。

### 四、实绩显著促发展

美丽校园，迎来花繁叶茂；读书活动，展现师生风采；规范汉字书写教育，结出累累硕果。我校学生的书法作品多次获得省、市、县级的奖励。2014年，林芷淇、林芷滢、吕梓蒙等几位同学参加茂名市"平安校园·长盈杯"师生书法大赛，获三等奖。我校陈俏珠老师获得优秀指导教师奖，学校获得优秀组织奖。2014年，在第六届广东省学生规范汉字书写大赛，我校汪鼎钧同学获得硬笔字一等奖，陈思霖、王睿思两位同学获得硬笔字二等奖，吴学深、黄奕两位同学获得硬笔字三等奖。彭志洪校长在教育期刊《师道·教研》上发表了题为《开展家校互动，促进素质教育》的文章，指导家校合作；在《茂名日报》上发表《均衡教育背景下，减少学生两极分化的对策》，力促学生全面发展，学校均衡发展。2016年，在广东省"少年传承中华传统美德"之"墨香书法展示"活动中，我校许龄予、汪鼎均获得二等奖。广东省第五届中小学生艺术展演活动评选结果近日揭晓，我校师生选送的艺术节目和艺术作品参加中学组的评比获得佳绩，分别获得广东省二等奖1项、三等奖3项；获得茂名市一等奖4项、二等奖2项、三等奖3项，5位老师获得优秀指导奖。

长风破浪会有时，直挂云帆济沧海。一中附校规范汉字书写教育工作与校园文化建设一路同行，经过三年的实践探索，取得了显著的成绩。乘借本次申报规范汉字书写特色教育学校的东风，我校将进一步落实国家语言文字方针政策，把规范汉字书写教育作为我校教育教学工作的重要组成部分，提高办学水平，促进我校各项工作再上新台阶！

# 规范管理促内涵，科学谋划求发展

一年来，我校全体师生在市教育局的正确领导下，认真学习践行2013年4月教育局对我校的批示，努力创建"窗口"特色学校，坚持德育为首，坚持依法治校，坚持素质教育，积极开展教育教学研究，规范办学行为，增强内涵活力，克服资金不足、办学条件落后（设备设施破旧不堪、饭堂不符合标准、水管渗水严重、生均经费不下拨）等困难，化压力为动力，扎扎实实开展各项工作，取得了良好的进展，目前我校初一、初二两个年级分别有教学班26个和20个，学生共3132人，教职工157人，学校各项工作有条不紊地开展，赢得了家长和社会的高度赞誉。现将本校有关工作报告如下：

## 一、办学理念清晰，办学特色初显

我校根据校本实际，以"文化引领，科学发展，规范与个性共存"为办学理念；注重育人为本，促进教育公平，以创建"窗口"特色学校为办学目标；确立"同进、互赢、圆梦"的办学口号，初步形成"明德、敏行、创新、图强"的校风，逐步形成具有自身特色的完整的办学体系：

第一，践行十项承诺。一是指导每位学生制订一个系统、科学的学习计划；二是让每个学生每学期参与一次班级管理；三是让每个学生每学年主持一次班会；四是教师每学期与每位家长有一次互动；五是教师每周与每个学生有一次交流；六是各学科一学期让每个学生发言不少于三次；七是让每个学生每月都有一次展示的机会；八是让每个学生每天都能得到同学或老师的赞赏；九是对每个学生的作业每月至少面批一次；十是让每个学生每周参加一项以上体育或艺术等兴趣小组活动。

第二，成立班主任联盟，共同探讨应对教育问题。为了集思广益，共同应对当下学生教育热点、难点问题，我校成立了班主任联盟，随时探讨班级管理过程中遇到的问题，定期交流带班心得，形成教育合力。

第三，创新"家校合作"教育模式。根据学生走读、寄宿的不同情况，我校分别成立了初一、初二家长委员会和义工团，开设班级家长QQ群和家长论坛，切实开展家校联动，加强与家长的交流互动，共同探讨教育学生的方法和内容，成效显著。

第四，实施分层教育，因材施教。根据学生不同意愿和个性，开设第二课堂，采取"走班制"授课，加强对学生薄弱科目的辅导，培养学生的学习兴趣，发展学生思维，培养学习能力。如数学提高班的开设，就为数学成绩中等的学生提供一个更好的提高平台。此外，初中三年分别按"养成教育、担当教育和前途理想教育"的规划进行系统教育，为全体学生全面可持续发展打下坚实的基础。

第五，实施健康工程，全面提高学生身体素质。除了抓好"两操"外，我校利用课外活动时间，率先在市直学校推行"跑操""太极拳""韵律操"等活动，增强了学生体质，锻炼了学生意志，也培育了学生的集体荣誉感。

第六，扎实开展党的群众路线教育实践活动，促进师德师风建设。我校以开展党的群众路线教育实践活动为契机，以改进"师德师风"为突破口，以服务师生为目的，抓实抓好各项教育教学工作，赢得了家长的赞誉。

一学期以来，学校办学理念和成效得到全体师生和家长的一致认可，学生全面发展，健康阳光；教师勤教乐学，技能提高；学校知名度不断提升，越来越多的家长希望自己的孩子能够进一中附校读书。

## 二、坚持德育为先，优化育人环境

学校是育人圣地，为了让学生健康成长，我校坚持德育为先，优化育人环境。

### （一）齐心协力多管齐下，打造安全文明校园

一是建立健全各种安全管理制度。制定了《茂名市第一中学附属学校安全工作管理制度》《茂名市第一中学附属学校各种突发事故应急预案》等10多项安全管理制度，使安全工作有章可循、有规可依，执行必严、违规必究，不留盲点、不出漏洞，强化安全工作管理，让校园安全工作走上制度化、科学化的轨道，达到了规范师生行为、增强师生安全意识的目的。

二是落实"一岗双责"责任制。按照安全目标责任制，明确分工和职责，齐抓共管，形成合力；同时，各处室与具体负责有关岗位工作人员签订安全责任书，强化安全责任意识，尤其对门岗值班、宿舍管理、楼层值班、放假期间等易出问

题的地方和环节，加强督导，落实检查，做到责任到人、群防群治。

三是重视校园安全教育。将安全教育纳入教育教学计划，重点开展"六防"（防溺水、防交通事故、防火、防震防灾、防食物中毒、防传染性疾病传播）教育。认真落实教育局关于安全工作"1234"的教育模式，注重安全教育常态化，引导学生养成良好的安全行为习惯。通过科任教师每天上下午最后一节课的1分钟安全温馨提醒、每周放学班主任对学生进行至少2分钟的安全教育、每次寒暑假和节假日放假之前进行不少于30分钟的安全教育以及每周星期五班主任组织不少于40分钟的专题安全教育课等形式，让学生把安全准则内化于心，外化于行。此外，还利用校讯通、QQ群、LED屏幕等信息平台，在节假日、汛期、高温、秋冬干燥季节发布安全温馨提示，使学生养成良好的安全行为习惯。

四是以活动强化安全育人实践。通过演讲比赛、图片展览、主题班会、观看视频等活动进行毒品预防教育和交通安全教育；通过知识竞赛、手抄报、黑板报比赛、征文比赛等活动进行防溺水、防食物中毒、防自然灾害和安全用电、安全用火等教育；同时，邀请有关专家到学校进行安全法制教育。通过以上一系列活动，增强师生安全防范意识，提高师生避险自救能力，真正做到安全警钟长鸣。

五是配备专业安保人员和加大安全经费投入。除足额配备10名校警协助开展"黄埔军校式"安全管理外，我校在本学期还加大了安全工作专项经费投入，用于安全专题活动开展、安全器械采购、安全培训等方面。

因安全工作常抓不懈，学校实现了事故为零，在年度考核中获得了考核组的高度评价，2014年9月3日广东电视台在"630全省新闻联播"中对我校安全工作作了介绍。

## （二）活化德育活动载体，潜移默化教育学生

我校抓住初中生身心特点，通过丰富多彩的德育活动对学生进行潜移默化的教育。一是举办了"中国梦·我的梦"主题征文、摄影、绘画比赛，让学生在活动中感悟爱国、感谢恩师、感恩生活，体验进步和成功的快乐。二是成功举办了"庆2015年元旦暨'最美教师''最美学生''最美备课组'颁奖晚会"，充分发挥先锋模范作用，传递正能量，丰富了校园人文内涵。三是开展读书活动，打造书香校园。通过建设教室图书角，组织师生读书，开展形式多样的读书、征文活动，让师生在活动中感受快乐、温暖和力量，拓宽思想境界。四是创建社团，让学生在集体活动中学会与人分享，增强集体荣誉感。目前我校有文学社、读书社、

演讲协会、舞蹈队、英语协会、书画协会等社团，经常开展丰富多彩的社团活动，包括经典诗歌朗诵比赛、演讲比赛、现场听写大赛、现场书法大赛、现场作文大赛、英语SHOW、绘画比赛等，为学生提供施展才华、展示自我的大舞台，也给学生筑建了一座建立友谊、增强集体凝聚力和团结精神的桥梁。这些丰富多彩的社团活动，既锻炼了学生的交际能力，又提高了学生的认知水平，为我校的素质教育添砖加瓦。

### （三）响应城乡清洁，美化校园环境

我校以班为单位，对卫生保洁工作进行量化考核。要求各班每天定时清扫卫生区并随时保洁，做到室内外地面整洁无垃圾，绝无卫生死角。同时强化卫生检查制度，既有学生检查，又有值日领导检查、校级领导每天巡查，确保校园整洁美观。同时对校园内的树木进行合理的整修和移栽，清除枯枝败叶。我校与家长义工团成员一道，每周五到校外周围参与城乡清洁活动。经过了一个学期的努力，我校现在校内外美观，整洁有序，是师生工作、学习、休憩的理想场所。

## 三、重视教学科研，提升教学"软件"

为了让学校持续迸发活力，我校牢牢抓住提高教科研水平这个着眼点，积极探索高效课堂，创新教学模式，努力提升教学"软实力"。

### （一）走出去，学人之长

我校组织教学骨干外出学习多达120人次，分别到江苏泰州姜堰区励才实验学校、扬州市邗江外国语学校、佛山华英中学、番禺石基四中、惠州一中、江门新会葵城中学等学校交流学习。此外，还多次派教师参加省、市名师工作室学习及中考研讨会，不断提高教师的业务素养和理论水平。通过学习交流，更新教学理念，创新教学思维，努力提高教师的教学水平，进而提高整体教学质量。

### （二）请进来，传经送宝

我校每学期定期举办两次大型教研活动。一是大型教学科研活动，二是"学校开放日"教研活动。每次活动，都邀请名校长、名教师和市教育局教研室全体教研员到校进行全面的教学指导，为我校教师传经送宝。

## （三）结对子，传带帮扶

为了提高教研能力，提升教师教学水平，学校开展了"结对子，传带帮扶"活动，实行集体备课，发扬团队精神，发挥集体智慧，由各科组经验丰富的教师与一名年轻教师结对子，通过集体备课，传授教育教学经验，让年轻教师特别是新教师快速成长，形成学科合力，提高教学质量。在老教师们的帮助下，我校涌现了一批新的教学能手，如语文科组的林海宇、地理科组的陈德炯、历史科组的邱健。

## （四）搭平台，展现风采

学校通过开展"新教师优质课评比""高级教师示范课评比""科组外出学习交流""集体备课（二次备课）""同课异构""课堂大比武"等教研活动，优化师资，创新教研，进一步提高教师的专业化水平，以达到"抓教研促质量"的目标。

## （五）巧创新，提高效率

我们的课堂教学坚持以学生为主体，努力创新教学模式，切实践行"三个三分之一"的教学模式，引导教师构建互动性、激励性、探究性、点拨性、情景性的课堂教学模式，做到把课堂还给学生，让学生自主探究、主动学习，使课堂更有效更高效，为全面提升学校教学质量奠定坚实的基础。

## （六）勤钻研，成果丰硕

我校师生辛勤钻研，教学成果、学习成果丰硕。教师共有36人次获得各项奖励，包括演讲比赛、公开课比赛、教学基本功比赛、教学论文、教学设计等。彭志洪校长在广东教育期刊《师道·教研》上发表了论文《开展家校互动，促进素质教育》，好评如潮；陈有育副校长在茂名市"新华育才杯"5000校长话创强（市直属学校赛区）比赛中，以一篇《创强不可弃弱》获得一等奖；凌晓丽、吴迪、邱健、张兰四位教师参加局直属学校教师"中华经典诵读大赛"获得二等奖；杨贺、李月平两位教师被评为省骨干教师；全校有多项省、市级课题获得立项。

在教师们的辛勤教育下，我校学生学习成果骄人。2014年全国初中数学竞赛，李治达同学获得全国一等奖，有4人获得全国二等奖，14人获得全国三等奖。

2014年物理竞赛，梁裕威同学获得全国三等奖。在广东省中小学第七届"暑假读一本好书"活动中，林洁妤同学获得一等奖，朱纪英同学获得二等奖，刘绮雯同学获得三等奖，学校获得优秀组织奖。学生的美术、书法作品多次获省级一等奖。

### 四、改善设备设施，完善教学"硬件"

一是重新修整了饭堂，为创建A级食堂夯实了基础，确保了师生的用餐安全。二是完成了自来水改造工程。校园水管改造后，水费由原来的十几万元下降到现在的两万元左右，为节省办学成本作出巨大的贡献。三是装配了46套多媒体平台，配置79台手提电脑，优化了现代化教学手段，为普遍、全面、高效开展多媒体教学提供了保障，为进一步实现学校教育现代化迈出了坚实的一步。四是购置了一大批教学设备，包括速印机2台，阅卷机2台，学生课桌1800套，教师办公桌120套，大大改善了教学条件。

### 五、及早科学谋划，促发展上台阶

凡事预则立，不预则废。为了加快我校发展步伐，让各项工作更上一个台阶，在学校领导班子的带领下，集全体教职员工智慧，及早科学谋划2015年全力推进的七件大事。

一是加快教育现代化学校建设步伐，创建标准化学校。重点筹建实验室、电脑室、资源中心，实现班班通，提高学校信息化水平，争做茂名教育现代化的领跑者。二是筹建学校图书馆，开放师生阅览室，大力开展读书活动，打造书香校园，丰富校园人文内涵。三是进一步创新"家校"合作，完善家委会、家长联盟、家长义工团等机构，办好家长学校和学生社会实践基地。四是深化教育教学改革，实施减负工程，注重全体学生全面发展，关注中层生的思想动态、学习状态、家庭情况等，全力抓好学生两极分化工作。五是加强"强师工程"的实施，大力培养本校的"名师""骨干教师"和"教坛新秀"，做到有要求、有任务、真落实，切实提高教师课堂教学水平，为学生全面发展和教师专业化发展提供保障。六是注重学校文化特色的沉淀，继续抓好班级文化建设，办好足球学校，争创广东省青少年体育俱乐部，丰富学生社团活动，张扬学生个性，进一步抓好校风、班风、学风和师德师风建设。七是创设安全到位的后勤保障，按动静分明的原则，调整好分区布局，使教学区、活动区、生活区更加明确有序。

"大鹏一日同风起,扶摇直上九万里。"一中附校正如伟健之大鹏,击水三千,扶摇直上!全体师生员工正乘着教育"创强"的东风,豪情满怀、信心百倍地朝着"设备设施一流、校园环境一流、校风校纪一流、办学质量一流、师资力量一流、学生素质一流"的优质"窗口"学校阔步迈进!我们坚信,在市教育局的坚强领导下,我校一定会成为名符其实的品牌学校。

(茂名市第一中学附属学校2014年工作报告)

# 抓好常规管理，构建和谐校园

一年来，在上级部门的正确领导下，在全校教职员工的团结协作和努力拼搏下，我校坚持"面向全体，夯实基础，张扬个性"的教学理念，以教学常规管理为切入点，坚持科学发展观，依法治校，认真抓好学校各项管理工作，着力构建和谐校园，顺利地完成了本年度的工作任务。现将一年来的主要工作总结如下：

## 一、强化师风师德建设，促进校园和谐发展

教师的素质直接影响着学风和校风，教师的形象直接关系着学生素质的培养。因此，师德不是简单的说教，而是一种职业精神体现，一种深厚的知识内涵和文化品位的体现。师德需要培养，需要教育，更需要每位教师的自我修养。

### （一）领导重视，抓住思想教育不放松，深入开展师德师风教育活动

我校根据上级部署，结合我校实际深入开展"忠诚人民教育事业，争做'四有'教师"活动，及时成立活动领导小组，制定活动方案，向教师印发学习材料，组织教师认真写好学习笔记。开展自查自纠活动，向学生下发教师问卷调查表，查找教师中普遍存在的问题。开展师德培训，塑造教师为人师表的良好形象。学校有针对性地提出了几点要求：一是要求全体教师爱护关心学生，蹲下走近学生的心灵，和学生做知心朋友，和学生的家长交朋友，不准冷嘲热讽伤害家长，更不准训斥家长；二是严禁教师体罚和变相体罚学生；三是禁止教师私自为学生乱订刊、乱收费补课。组织教师进行师德体会展、师德演讲、师德征文等活动，通过家长评学校、学生评教师、教师评校长等活动，层层评议，查找问题，自查自纠，整改提高。

### （二）营造良好氛围，注重思想教育实效

为了做好教师政治思想工作，学校采取多种形式，理论联系实际，努力提高教师的政治思想道德素质。通过坚持全校教师政治学习制度，提高教师的政治理

论水平和贯彻执行党的教育方针政策水平，在校内营造一种政治思想教育的良好氛围。学校将师德师风建设与年度考核、教育教学管理等师资队伍建设的其他内容有机结合起来，以期促进师德师风建设的各项措施落到实处。通过开展师德师风自查活动，学校领导、教师进一步转变了工作作风，提高了办事效率，文明执教，优质服务。学生、家长对教师工作的满意度也大幅度提高。

## 二、扎实教研教务工作，确保教学质量

### （一）狠抓常规管理

#### 1. 严抓教学各环节

每学期开学前制订好详细的工作计划，并指导好科组、备课组和教师个人做好本学期的工作计划和工作安排。加强学科带头人的理论和业务水平的学习。开学初召开了科组长、备课组长的工作会议，在会议上学习《学校集体备课制度》《听课、评课制度》和《科组长、备课组长的职责》，提高教师的理论水平，同时明确其本学期工作的任务和方向，做好教案的检查工作。开学前、学期中和学期末分别进行三次的教案检查，主要检查老师教案的设计和教学反思。安排了月考的命题工作，明确命题老师、考试进度和命题要求。同时协助教务处和年级组织好本学期的各种考试。组织教学工作调查，全面了解教师的课堂教学、培优辅差、作业批改、家校互动等方面情况。指导和协助初二年级做好生物、地理的备考工作，并取得生物、地理中考的顺利圆满结束。①召开三次生物、地理的备考会议，第一次在开学第一周，第二次在第一次月考前。明确备考的目标和方向，为生物、地理的中考打下坚实的基础；②开学第二周进行生物、地理的第一次模拟考试；③有层次地召开学生中考的动员大会，会议上有生物、地理老师进行学法和考法的指导。

#### 2. 规范学籍管理

我校坚持义务教育入学制度，严格执行上级关于小学升初中按照就近免试入学原则，确保辖区内适龄人员全部入学接受义务教育，规范入学新生由教育局常态编班，不随意调班。整个招生及编班过程做到公开、透明、规范。新生不分重点班，没有参与举办"占坑班"、以竞赛名义和组织考试形式招生，更不存在将"分数"与招生入学挂钩现象。在学生入学后，及时完成学籍电子注册，同时按要

求做好学生变动及资料更新工作，规范学籍管理及全国联网的电子学籍系统信息维护情况，杜绝人籍分离等问题。目前，我校学生学籍管理的制度健全。本学期教务处进一步完善了学生学籍变动手续，对于申请转出、转入、休学的学生实行严格审批手续，有效防止了私自安插学生的现象发生。

**3. 加强考试管理工作**

认真组织好各年级的月考和期中考试，及初二的各次生物、地理的模拟考试，制订明确的中考A率目标，认真做好对命题把握、排版印刷、分装保管、编排考场、监考教师及密封装订等工作，严格保证考试成绩的真实、可靠和公正。第一步，所有命题教师严把命题关，掌握好试卷的难易程度，使各类学生都有成就感；第二步，加强监考过程管理，严肃考风考纪，发挥考试功能；第三步，将试卷密封装订后统一交叉流水批改，以保证考试成绩的真实、可靠和公正；第四步，阅卷后，严格做好试卷分析工作，教务处做出全校成绩汇总及质量分析，为检验教学效果提供合理而可靠的依据，并且在每次毕业班模拟考后，及时召开质量分析会，找出存在问题并提出相应的改进措施，使考试更具实效性。

**4. 认真做好毕业班的备考工作**

2015年，我校对初三、初二的工作着重在中考动态、对外联系方面进行了宏观指导。认真组织老师学习《茂名市2015年初中毕业学业水平考试与高中阶段学校招生考试大纲》，确保备考工作按计划落实到位。初二级生物、地理教师在抓好每轮复习的同时，应注重信息分析与整合，团结合作，协同作战，相互配合，做好学生思想工作，培养学生稳定的应试心理和应试能力，使学生信心饱满，顺利参加中考。

**5. 坚持"走出去"和"请进来"**

学校坚持以质立校，努力塑造师德高尚、业务精湛、结构合理、充满活力的高素质专业化教师队伍。学校开办以来，一直坚持"走出去""请进来"的思想，每学期派出三批老师外出跟岗学习，形成长效机制。本年度学校多次组织老师到北京望京实验学校、北京农大附中、北京广渠门中学、顺德江义勒流中学、江门新会葵城中学等学校交流学习，努力提高教师的教学水平，更新教学理念，创新教学思维。此外，还多次派教师参加省、市名师工作室学习及中考研讨会，不断提高教师的业务素养和理论水平。通过学习交流，更新教学理念，创新教学思维，努力提高教师的教学水平，进而全面提高教学质量。

我校本年度共举办两次大型教研活动，大型教学科研活动和"学校开放日"教研活动。每次活动，均邀请名校长、名教师和市教育局教研室全体教研员到校进行全面的教学指导，为我校教师传经送宝。

## （二）创新教学工作思路，成绩斐然

（1）本学期我校开展新老教师的结对工作，促进教师队伍素质的整体发展。工作不满三年的年轻老师与教学经验丰富的老教师结对，老教师通过传、帮、带的方法指导年轻的老师在教学理论和教学能力方面快速成长，年轻老师对老教师在先进教学手段和方法也起到了很大的帮助作用，可谓"教学相长、师徒共同进步"。

（2）推行"学案导学"课堂教学改革，努力提高教学实效。①提前进行了学案的编写工作，按照科目确定专人负责编写，严把质量关，确保了学案的质量。②加强了学生学习习惯、方法的培养。努力实现先学后教，通过各种手段确保了学生自主、独立地完成基础知识的学习。③提高课堂效率，做到讲练结合。④强化教学反思，不断实现自我优化。教师加强了自身的反思意识，上完一节课以后，针对课改模式，及时地进行了课后反思。

（3）上半年举办了第一届说课比赛。从第三周至第十三周在各个科组内进行初赛，最后选出最优秀的教师代表科组参加学校第十四周的决赛，通过参赛老师的精心准备和精彩的表现，给我们展现了一场教学盛宴。经过激烈的竞争，最后生物科组的彭林妹老师、地理科组的江尚珠老师和物理科组的毛明宇老师获得特等奖，其他科组为一等奖。下半年举办了第三届"课堂大比武"，选出优秀教师在学校开放日进行课堂教学展示。通过举办教师教学技能大赛，提高了教师的职业技能。

（4）组织老师开展计算机应用能力提升培训。为了让我们的教师能够成为一个与时俱进的优秀教师，学校组织老师进行计算机应用能力提升培训，很多老师积极响应学校的号召，都主动地根据自己的实际情况去参与培训，收到了良好的效果，最后对老师的计算机应用能力进行考核。

（5）培养骨干教师，引领教师队伍。李月平、杨贺、张召桂、朱淑贞、梁玉衡参加2014年第一批省级骨干教师培训，已在这个学年顺利结业，其中李月平、杨贺和朱淑贞荣获"优秀学员"称号，梁玉衡老师的微课荣获一等奖。

（6）学科教学彰显特色，活动竞赛争荣誉，中考成绩突出。我校数学科组进行了分层教学，做到了因材施教，大面积整体提高学生的数学成绩。2015年4月，我校学生参加广东省第五届中学生地理奥林匹克竞赛，全校共101人获得广东省一等奖，221人获得广东省二等奖，216人获得广东省三等奖，均居全市第一；美术科老师组织辅导学生美术作品，参加"中国梦，我的梦"首届广东省青少年书画摄影作文大赛，成绩优异，有33人获奖，其中一等奖6人（绘画2人，书法4人）；二等奖4人（绘画2人，书法2人）；三等奖8人（绘画7人，书法1人）；优秀奖15人（绘画12人，书法3人）。更值得一提的是，今年我校的生物地理中考成绩喜人。生物达"A"人数为715人，达优率是55%，地理达"A"人数为729人，达优率是56%，生物、地理"双A"人数为628人，达"A"率接近50%。

## 三、健全政教、团委工作，注重学生德育

（1）践行核心价值观，做文明礼仪中学生。本学年开学以来，我校高度重视学生的思想道德建设，着力提高学生的德育水平。通过组织学生参与"践行社会主义核心价值观"主题班会，使学生深刻领会社会主义核心价值观的内涵，明确作为中学生应该做什么，应该怎样做。组织学生参加社会主义核心价值观知识竞赛及其辩论活动，通过一系列活动，社会主义核心价值观深入学生内心，并转化为自觉行动。同学们逐渐树立远大的人生理想，磨砺出坚韧顽强的意志。

（2）开展行为习惯养成教育。我校开办以来特别注重在初一学生中开展行为习惯养成教育，帮助学生从入学开始就养成良好的行为习惯。坚持行为习惯教育从小事做起，要求学生见到老师问声好，下课人走桌凳齐，上下楼梯靠右行，在校园成立文明纠察队，对不文明的行为及时制止。学校根据我校实际情况形成了习惯养成教育，通过国旗下讲话、主题班会，对学生进行专项教育，并且制成版面在校园醒目位置展出。我校创造性地开展"每周之星"评选，每周评选出"学习之星""诚信之星""文艺之星""友爱之星"等，形成人人争当明星学生的高潮。

（3）加强制度建设，签订责任书。我校进一步加强和完善相关制度，做到以章治校，同时与教师签订各项安全责任书，做到职责相连，增强教师的责任心，落实事故责任倒查制度。

（4）坚持值班制度。学校坚持做到教师值班"六到位"。落实校门口领导带班教师值班制度，每天学生上学、放学时段，安排专人在门口值班，维持门口秩

序，防止不法侵害；落实晚上查寝制度，对不按时到位学生第一时间通知家长；落实学生就餐领导陪餐制度，学生就餐期间，有专人负责维持学生就餐秩序，组织学生排好队，防止烫伤、烧伤等各种安全事故；坚持晚上巡夜制度，每晚组织安保人员进行巡夜，保证校园安全；坚持教师楼层值班制度，学生课间时，相关教师第一时间赶到楼道、楼梯拐角处值班，避免踩踏事故发生；坚持双休日领导值班制度，周六、周日有专人值班，接听上级通知，解决突发事件。

（5）举行消防演练，提高应急避险能力。我校举行消防知识培训，教会同学们正确使用灭火器的方法，掌握火场逃生要领，确保生命安全。本学年我校共举行了四次消防演练，通过演练，进一步增强学生安全意识，提高应急避险能力。

（6）开展社团活动，丰富校园文化生活。本年度各科组开展了丰富多彩的社团活动，例如，语文科组组织了一次现场作文大赛；英语协会开展了丰富多彩的课外英语活动，初一英语备课组组织了一次英语手抄报比赛，大大提高了学生学习英语的兴趣和能力。

### 四、加强安全和后勤服务工作，强化安全管理责任

学校安全关系到广大师生的生命安全，关系到社会和谐稳定。学校后勤部门本着服务于教育教学工作的原则，努力创造优美舒适的校园环境，为教育教学提供安全保障，尽心尽力做好后勤服务工作。

**1. 坚持常规工作不放松，确保教育教学的正常进行**

（1）学年初及时发放了办公用品；检修楼梯道和各教室的照明设施；维修损坏的窗户玻璃；及时修剪花草树木；做好开学典礼和校内运动会的准备等。

（2）对各办公室、各班级的财产和物品进行核查并登记入册，落实固定资产的管理工作。

（3）平时不定期对学校电器进行安全检查，并将检查记录进行汇总，发现问题及时维修。同时，对学生损坏的课桌椅、门、锁、窗、水电进行维修。

（4）积极配合各科室的工作，如学校的期中考试、期末考试、开学典礼、文艺汇演、地震逃生演练等活动，办公室都全力以赴，做好服务，保证各类活动正常有序进行。

**2. 加强食堂管理，保障食品安全**

我校食堂有专人管理，建立食堂管理台账。食堂从业人员健康证等各项证件

齐全。坚持索票、索证制度，严格进货渠道。坚持做到饭前试吃、饭菜留样制度，定期召开饭堂工作人员会议，提高食堂管理水平。

**3. 加大硬件建设力度，做好创强工作**

学校树立抢抓机遇、加快发展的观念，增强发展才是硬道理的意识，积极配合上级部门进行校安工程改造，努力改善办学水平。本年度，我校结合实际积极筹措资金，办学条件得到了显著改善，先后完成了校园补漏工程、校园水网改造工程、学校饭堂改造工程、师生阅览室、学校实验室建设、完善学校图书馆、校园文化工程、体育馆改造、绿化美化校园、加固校园安全设施工程、美化教学楼外墙工程、实验室建设、校园安监系统等"创强"项目，为更好地服务教学奠定了更坚实的基础。

## 五、工作中存在的不足和努力方向

回顾一年来的工作，每一项成绩的取得都离不开全体成员的共同努力，我们在看到成绩的同时，更需要冷静地进行反思：在学生思想、行为习惯养成上还应不断加强教育督促；教育观念、教学方式方法、工作能力、管理水平和师德等方面还需要不断自我认识、自我提高；随着绩效工资的改革，学校的各项考核奖励制度等需要调整、修改、完善，以真正起到激发全体教师工作积极性的作用。

总之，前途是光明的，道路是曲折的。今后我们将继续在上级主管部门的领导下，在科学发展观和新课程理念的指引下，紧抓机遇，上下一心，迎难而上，锐意进取，开拓创新，力争在下一年的教育教学各项工作中有更大的突破，为茂名教育事业的发展、创建广东省教育强市作出贡献。

（2015年度学校工作总结）

# 致力打造"五项"办学优势
# 创建特色窗口学校

我校从2013年8月开办以来,在市委、市政府和市教育局的正确领导下,坚持德育为首,遵循教育规律,不断增强学校发展活力。以关爱学生为立校之本,以养成教育为突破口,以教科研为着力点,以创建"窗口"特色学校为目标,扎扎实实开展各项工作,圆满完成一个学期的工作任务。目前,我校有教学班27个,学生1729人,教职工102人。现将本校有关工作报告如下:

## 一、致力打造"五项"办学优势

### (一)办学理念优势

我校根据校本实际,提出"文化引领,科学发展,规范与个性共存"的办学理念,确立"同进、互赢、圆梦"的办学口号,初步形成"明德、敏行、创新、图强"的校风,"勤学、善创、进取、感恩"的学风和"博学、垂范、包容、爱生"的教风。在办学实践中逐步形成完整的办学体系,让师生全面健康和谐发展,得到了师生、家长和社会的广泛认可,并且吸引了67名考取了广东省实验中学、广州市执信中学等名校资格的小学毕业生回到我校就读。

### (二)师资队伍优势

我校中层以上干部,年轻有为,积极向上,他们有活力、有拼劲、善开拓、敢担当,为广大教师树立了榜样。学校同时致力于建设一支"对学生尽心,对学校尽力,对教育尽情"的优秀教师团队,确立了"爱岗敬业、爱生如子、勤奋务实、勇于探索、乐于合作"的核心价值追求。为了着实打造师资队伍优势,主要努力做好以下几方面工作:

一是让教师深入了解和熟悉教学实际、教学方向和教学动态,组织教师学习新课程标准、学科教学大纲和近五年中考试题等业务学习。

二是加强教师信息化技术应用培训。先后6次组织全体老师参加课件制作和教学平台使用的培训。目前我校每个学科都能开发课件，每位教师都具备多媒体教学能力。

三是"请进来""走出去"。一方面，邀请市教研室全体教研员到我校进行全面的教育教学指导，同时邀请"广东省百千万专家人才"讲学团到我校进行学术交流；邀请广东省名校长、原市一中校长黄家祥到我校做《新理念下的课堂教学》专题讲座。另一方面，组织两批次的教师分别赴佛山华英学校、番禺石基中学等名校跟岗学习。此外，还多次派教师参加省、市名师工作室学习及中考研讨会等，不断提高教师的业务素养和理论水平。

四是树立先进典型，促进全体教师专业发展。通过评选表彰"十大最美教师""先进科组""先进备课组"等，为全体教师树立典范。强化教师团队意识，让教师们取长补短，促进全体教师的专业成长。

### （三）教学效果优势

一是强化集体备课，共享教学资源。我校制定了《茂名市第一中学附属学校集体备课制度》，要求集体备课必须做到"三定"：即定时间、定地点、定中心发言人；"五统一"：即要求统一、进度统一、资料统一、作业统一、考核标准统一。实行个人钻研与集体研究相结合，集思广益，共同解决教材教法等方面的疑难。重视二次备课，在集体备课形成的教案课件基础上进行个性化的处理，形成教师个人教学风格，共建高效课堂。

二是加强课题研究，提升教研水平。实施"科研兴校"战略，积极开展课题研究。彭志洪校长主持的课题《茂名地区初中家校合作的研究与实践》和刘震红老师主持的课题《古诗词有效教学策略研究》均获得广东省教育科研"十二五"规划2012年度研究项目，吴伟森主任主持的2012年度市级课题《语文学科与其他学科的有效整合》正在进行中。学校特别拨出专款支持科研课题的开展，各科组建立科研台账，使教研工作常态化，大大提升全体教师的教研能力和水平。

三是优化课堂结构，提高教学质量。贯彻"面向全体、夯实基础、科学发展、创办特色"的教学思想，倡导启发式教学、互动教学、激励教学等教学模式；优化课堂结构，注重上好每节课，提高学生学习质量。强化学生学法指导，切实减轻学生负担，科学合理地布置作业，坚持全收全改或面批，抓好"一分三率"：即平均分和合格率、优秀率、80%优良率，大面积提高教学质量。期末全市统考，初一级53%的同学成绩优秀，各项指标位列市直初中的前列。

### （四）办学特色优势

目前，我校已初步形成以下特色：

（1）履行十项承诺。一是指导每位学生制订一个系统、科学的学习计划；二是让每个学生每学期参与一次班级管理；三是让每个学生每学年能主持一次班会；四是教师每学期与每位家长有一次互动；五是教师每周与每个学生有一次交流；六是各学科一学期让每个学生发言不少于三次；七是让每个学生每月都有一次展示的机会；八是让每个学生每天都能得到同学或老师的赞赏；九是对每个学生的作业每月至少面批一次；十是让每个学生每周参加一项以上体育或艺术等兴趣小组活动。

（2）创新"家校合作"教育模式。根据学生走读、寄宿的不同情况，成立茂名市第一中学附属学校第一届义工团、妈妈故事团等组织，开设班级家长QQ群、家长论坛，切实开展"教师走访千万家"等活动，加强与学生家长的交流互动，共同探讨教育学生的方法和内容。

（3）实施分层教育，因材施教。根据学生不同意愿和个性，开设第二课堂，采取"走班制"，加强对学生薄弱科目的辅导，培养学生的学习兴趣，发展学生思维，培养能力。最近，汪鼎钧和陈思霖两位同学参加第五届广东省学生规范汉字书写大赛，荣获硬笔组二等奖。此外，初中三年分别按"养成教育、担当教育和前途理想教育"的规划进行教育，为全体学生全面可持续发展打下坚实的基础。

（4）实施健康工程，促进全体学生全面发展。除了抓好"两操"外，利用课外活动，组织全校学生进行"跑操"，提高学生身体素质，锻炼学生意志毅力，增强学生集体荣誉感。

### （五）办学条件优势

**1. 打造数字化校园**

在市教育局的大力扶持下，我校所有教室安装了多媒体教学平台和数字广播系统，动员教师自行购买了教学所需的手提电脑，实现了教学手段现代化。

**2. 打造环境美校园**

抓好卫生保洁工作。落实并强化卫生扫除、检查制度。卫生区每日定时清扫并随时保洁，做到室内外地面整洁无垃圾，绝无卫生死角。致力创建森林学校。对校园内的树木进行合理的整修和移栽，清除枯枝败叶；清理草坪的杂草，及时喷洒药物，防止病虫害。校园四季鸟语花香，成为师生工作、学习、休憩的理想场所。

### 3. 打造人文美校园

一是通过系列活动打造校园的人文美。充分利用教师节等节日开展丰富多彩的活动，举办"我的爱国情"等主题征文、演讲、书法比赛，让学生在各种活动中感悟爱国、感谢恩师、感恩生活，体验进步和成功的快乐；邀请教职工家属，共同庆祝教师节，增进教职工的归属感；成功举办了"庆2014年元旦暨'最美教师''最美学生'"颁奖晚会，充分发挥先锋模范作用，传递正能量，丰富了校园人文内涵。二是开展读书活动，打造书香校园。通过建设教室图书角，组织师生读书，开展形式多样的读书、征文活动，让师生在活动中感受快乐、温暖和力量，拓宽思想境界。三是通过校园文化建设打造校园人文美。在校园相宜的地方开设"学生作品展示栏""优秀学生风采展""最美教师""最美学生""安全教育小知识"等宣传栏，真正做到每一面墙壁都会"说话"；在办公室内设置教育格言、教学反思专栏；在教室开展班级文化建设，如要求学生确立自己的奋斗目标和座右铭等隐性文化建设，夯实校园文化底蕴。

### 4. 打造安全文明校园

注重把安全工作做实、做细，努力营造一个安全文明的校园环境，确保师生安全。

一是建立和完善各种安全管理制度。制定了《茂名市第一中学附属学校安全工作管理制度》《茂名市第一中学附属学校防溺水预案》等10多项安全工作管理制度，强化安全工作管理，使安全工作有章可循。

二是落实"一岗双责"。按照安全目标责任制。明确各自分工和职责，齐抓共管，形成合力；同时，各处室与具体负责有关岗位的工作人员签订安全责任书，尤其对门岗值班、宿舍管理、楼层值班、放假期间等易出问题的地方和环节，强化安全责任意识，加强督导，落实检查，做到责任到人、群防群治。

三是重视校园安全教育。将安全教育纳入学校的教育教学计划，重点开展"六防"（防溺水、防交通事故、防火、防震防灾、防食物中毒、防传染性疾病传播）教育。利用每天下午最后一节课，对学生进行5分钟的安全教育；每周星期五下午最后一节课，由班主任对学生进行 15 分钟的安全教育。此外，还利用校讯通、QQ 群、LED 屏幕等信息平台，在节假日、汛期、高温天气、秋冬干燥季节发布安全温馨提示，促使学生良好安全行为习惯的养成。

同时，以活动强化安全育人实践。通过演讲比赛、图片展览、主题班会、观看视频等活动进行毒品预防教育和交通安全教育；通过知识竞赛、手抄报、黑板报比赛、征文比赛等活动进行防溺水、防食物中毒、防自然灾害，以及安全用电、安全用火等教育；邀请有关专家到学校进行安全教育。2013 年 11 月 8 日，邀请市消防局的官兵来我校指导进行"119"消防安全演练；2013 年 12 月 2 日，市教育局、市公安局在我校举行以"摒弃交通陋习，安全文明出行"为主题的"12·2"全国交通安全日宣传教育活动。通过以上一系列活动，增强师生安全防范意识，提高师生避险自救能力，真正做到安全警钟长鸣。

四是加大安全经费投入和配备专业人员。在每学期初就投入大量安全工作专项经费，用于安全专题活动开展、安全器械采购、安全培训等方面。同时，还足额配备了 10 名校警，协助本校开展"黄埔军校式"安全管理。

## 二、确定"特色窗口"办学目标

（1）学校发展目标。一是通过三年努力，以文化引领创新学校管理，完善校园文化育人环境，优化教育教学资源，抓好教师队伍建设，改善办学条件，强化安全管理，创新办学特色，提高办学质量，把学校办成我市"窗口"式的现代化学校。二是逐步实现小班制教学，争取三年内将班额控制在 50 人以内。三是完成图书馆、体育场馆、校园绿化、校园文化、校园教育教学信息化等升级改造工程，进一步完善教学设施设备，实现办学条件和校园环境育人功能的新提升。

（2）教师发展目标。一是合理配置教师，提升学历层次。根据学科需要合理配置专任教师，专任教师学历必须达到本科（含本科）以上。二是坚持以人为本，提升人文情怀。要求教师形成"博学、垂范、包容、爱生"的教风，增强"三种意识"，即责任意识、团队意识、创新意识，工作做到"三心"，即爱心、细心、恒心，进一步提升教师的人格魅力。三是加强教师培训，提升教师业务水平。促进教师专业成长，形成骨干教师、名师梯队，争取 5 年内培养省、市名师及学科带头人 5 人。

（3）学生发展目标。一是学生具有健全的人格，操行评定合格率 100%。具

有强健的体魄,体育达标率100%;具有健康的心理素质,心理健康合格率100%。二是"一分四率"、中考上市一中人数及各项主要指标保持在市直初中领先地位,各类学科竞赛成绩保持在茂名市同类学校前列。

### 三、学校面临的困难

我校在上学期虽取得"开学顺利,开局良好"的成绩,也得到有关领导的表扬,但我校成立时间不长,各种办学设施仍不完善,存在安全隐患。如教学楼、宿舍走廊的扶栏过低,地板砖起拱破损;西边门岗(育英学校)管理不严,外来人员可随意出入等。校园电网、供水改造难度大。教师队伍老龄化严重,缺少骨干教师、缺少名师引领等成为制约我校快速发展的最大困难,需要上级部门和领导的大力扶持和帮助。

在新的一年里,我们全体师生在市委、市政府和市教育局的坚强领导下,将以教育创强为契机,精诚团结,以昂扬的斗志、饱满的精神投入新的工作与学习中,攻坚克难,为打造我校各种办学优势,创建有内涵有特色的学校而踏踏实实做事,兢兢业业育人,为把我校建设成为全市"窗口"学校而努力奋斗。

(茂名市第一中学附属学校工作情况报告)

# 走内涵式发展之路，办标准化窗口名校

我校创办于 2013 年 8 月，是茂名市教育局直接管理的一所全日制初级中学，也是市委、市政府和市教育局重点扶持发展的窗口学校。学校现有 70 个教学班，在校学生 4370 人，在职教师 219 人，其中，有中学高级教师 64 人，中学一级教师 59 人。学校坚持"高起点、新思路、创特色"的办学思路，办学两年来，教师爱岗敬业，学生积极向上，办学成绩斐然，赢得了家长们的肯定和社会广泛赞誉。

## 一、奋力创强，彰显环境育人特色

我校按照上级的文件精神，积极认真做好教育创强的相关工作，加大各方面的投入。大力改造学生运动场所，积极促进校企合作，引资近 300 万元，改造足球场；投入约 30 万元，改造篮球场；投入约 19 万元，改造体育馆，让学生有一个安全舒适的运动场地。投入 20 万元，完善学校图书馆设备，为学生配备图书，拓展师生知识储备；投入 15 万元，建设师生阅览室，丰富师生课余学习生活；投入 70 万元，进行学校实验室建设，共建造物理实验室 4 间，化学实验室 2 间，生物实验室 2 间；投入 60 万元，对校园网络进行建设改造，建设"班班通"，各行政教学楼校园网络互通；投入 30 万元，建设校园安全监控系统，包括校园周边环境监控，各行政教学楼楼层安全监控，校园门口监控；投入 50 万元，加固校园安全设施，包括加装防盗网、防盗门、维修电梯，加高学生宿舍楼梯扶手，校园补漏；投入 20 万元，进行考场建设；投入 75 万元，进行校园整体美化、绿化规划建设；投入 75 万元，建设校园教育信息化工程，包括装备 3 间学生计算机室，30 个教学平台；投资 30 万元，对学校进行电缆改造。

为确保创强工作任务按时完成，我们采取制定日程方案、责任包干、每周一查、每周一报、每旬一会等有效措施。目前，我校创强工作进展顺利。基建工程全部完成，现已进入验收交付使用阶段；各功能室的装配工作全部完成；校园整治以及校园文化和美化、净化、绿化建设等工作也已全面完成，尽显我校环境育人的特色。

## 二、多措并举，打造精良师资队伍

学校坚持以质立校，努力建设师德高尚、业务精湛、结构合理、充满活力的高素质专业化教师队伍。学校开办以来，一直坚持"走出去"的思想，每学期派出三批老师外出跟岗学习，形成长效机制。学校多次组织老师到江苏泰州姜堰区励才实验学校、扬州市邗江外国语学校、佛山华英中学、番禺石基四中、惠州一中、江门新会葵城中学等学校交流学习。通过参观交流，努力提高教师的教学水平，更新教学理念，创新教学思维。学校坚持"集体备课制度""每周一备""第二次备课"等制度，先定好主备人，统一教案，统一课件，统一作业，然后教师个人再进行第二次备课。这样既发挥集体智慧，又张扬教师教学个性；既促进教师教育风格形成，又促进教师队伍全面发展。此外，为了提高教师的整体教学水平，学校举行了课堂大比武活动、教学开放日等大型活动，让年轻教师同台竞技，向外展示，在很大程度上促进了教师教学技能的提高。

## 三、防止分化，力保师生均衡发展

我校注重因材施教，实施分层教育，利用校本课和选修课，开设多元化的兴趣课堂。让学生结合自身的情况自主选择自己感兴趣的学科并参与其中，学校选拔教育教学经验足且能力、责任心较强的教师对学生进行指导，力求把学生的学科潜能充分地挖掘出来。此外，我校还实行导师辅导制，把学生分给各科任教师进行教学质量的跟踪。面对千差万别的学生，学校创造性地拟定教学程序和方法，为不同层次的学生设计不同的教案，使教学更加有针对性，真正做到因材施教，使学生学有所得。

学校实施分层教育和因材施教，加强科组集体备课，真正做到以生为本，备教材、备学生、备教法、备学法；组织各科组教师深入课堂听课；开展"课堂大比武"活动；开展"结对拜师"活动，实施五大联盟，"班主任联盟""楼层教师联盟""科任老师联盟""家校联盟"。让有经验的教师帮扶青年教师，共同进步。老师相互听课、相互学习的氛围浓厚，年轻教师进步很大，涌现出林海宇、邱健、黄思敏等一批新锐教师。

## 四、求真务实，追求高效课堂模式

我校的课堂教学坚持以学生为主体，践行"三个三分之一"的教学模式。在教学中，如果教师只是一味地讲，没有尊重学生，没有注重学习方法的指导、学生兴趣的培养和习惯养成，势必会让学生感到学习枯燥无味，厌学情绪加重，教学效果低下，从而使得两极分化现象更加突出。所以，在教学中，教师应践行"三个三分之一"的教学模式，即三分之一时间教师精讲，三分之一时间学生讲、议、练和评，三分之一时间师生互动。实践表明，这种模式深受学生的喜欢，学生学习轻松，对学习热爱有加，成绩也提升很快。我校在全力探究新课改背景下，推进有效课堂，做到把课堂还给学生，让学生自主探究、主动学习的课堂新模式。教师在课堂教学中要发挥好自身的主导作用，让思维活动始终处于积极活跃的状态，发挥学生主体作用，以提高课堂效率。

经过一年多的努力，学校涌现了一大批优秀课例，如杨贺老师的《一元一次方程（复习）》，许泽明老师的《假如人类也有尾巴》，张召桂老师的《诚信是金》，梁世旭老师的《我们的社会主义祖国》等。

## 五、全面发展，擦亮特色教育品牌

学校大力推行素质教育，体艺教学也进行得有声有色。学校成立了茂名首家学校足球俱乐部，组建少年足球队，为爱好足球的学生提供一个交流的平台；成立了合唱团、舞蹈队、田径队，组建管乐队、太极拳班等，丰富了学生的课余生活；率先在市直学校推行跑操，建设了美术室、钢琴室、书法室等，为学生提供全面发展的契机；举行了美术手抄报比赛、现场书法比赛等活动，充分展现学生的特长。学生的美术、书法作品多次获得了省级一等奖。通过一年多的特色教学，校园充满了艺术氛围和人文关怀，成为广大学子向往的学习殿堂。

学校注重文化引领，以班级文化建设为主阵地和突破口推进校园文化建设，努力从班级物质文化、班级精神文化和班级制度文化三方面挖掘班级文化建设内涵，打造班级特色文化，优化班级育人环境，增强班级凝聚力和战斗力，促进学生全面健康成长。目前，我校的班级文化建设已走在全市前列。

我校学生朝气蓬勃，个性张扬。我校着力于培养学生德、智、体、美、劳等方面的素质修养，因此我校学生形成以下几个特点：①志向高远；②道德高尚；③学业优秀；④身心健康；⑤个性张扬；⑥发展持续。我们培养学生的目标体现在"六个一"：①有一颗公正善良的心；②能讲一口标准的普通话和能用英语交流；③能写一手工整的硬笔字和毛笔字；④掌握一种乐器表演；⑤爱好一项体育

运动;⑥有一门最喜爱的学科并学有所长。相信在不远的将来,一中附校的莘莘学子,会在新社会建设的大潮中,大放异彩!

## 六、彰显个性,推动社团健康发展

学校充分发挥学生会和团委职能,不定期举办精彩纷呈的社团活动,如英语沙龙、书法比赛、朗诵比赛、歌唱比赛、辩论赛等,为学生提供一个施展才华、展示自我的大舞台,也给学生筑建了一座建立友谊、增强集体凝聚力和团结精神的桥梁。每天放学后,校园里处处充满生机。通过这些丰富多彩的社团活动,既锻炼了学生的交际能力,又提高了学生的认知水平,为我校的素质教育添砖加瓦。

## 七、家校同心,创新家校合作模式

我校根据学生走读、寄宿的情况,创新家校合作模式,使有效教育落到实处。例如成立家长委员会、义工团、妈妈故事团等组织,开设班级家长QQ群、家长论坛,开展"教师走访千万家"的活动等,让老师走进学生家庭,与家长交谈学生在思想、行为、成绩、习惯等方面的问题,并在鼓励学生、肯定学生、促进学生健康成长等方面达成共识,不让任何一个学生掉队。举行学校开放日活动,让家长参与教学管理。

家庭教育和学校教育脱节,是造成两极分化的外在因素。苏联著名教育家苏霍姆林斯基认为:没有家庭教育的学校教育和没有学校教育的家庭教育都不可能完成培养人这一极其细致和复杂的任务。这说明只有把家庭教育和学校教育、父母和老师有机地结合起来,形成合力,才能更好地促进青少年儿童健康、快乐、全面地成长。孩子的成长和发展,离不开我们教师的辛勤培养,也离不开家长的千辛万苦,更离不开学生自我激励,自我发展,自我完善。只有老师、家长、学生三股绳拧到一起,才能发挥最强、最佳功能。家校同心,师生同行,使家校合作达到新的高度。

## 八、厚积薄发,取得丰硕教学成果

这两年来,我校取得了丰硕的教学成果。彭志洪校长在《师道·教研》上发表了题为《开展家校互动,促进素质教育》的文章,指导家校合作;在《茂名日报》上发表《均衡教育背景下,减少学生两极分化的对策》,力促学生全面发展,学校均衡发展。在茂名市"'新华育才杯'5000校长话创强（市直属学校赛区）"比赛中，我校陈有育副校长以一篇《创强不可弃弱》获得一等奖。在2014年全国初中数学竞赛中，我校李治达同学获得全国一等奖，4人获得全国二等奖，14人获得全国三等奖。2014年物理竞赛，我校梁裕威同学获得全国三等奖。在广东省中小学第七届"暑假读一本好书"活动中，我校林洁妤获得一等奖，朱纪英获得二等奖，刘绮雯获得三等奖，学校获得优秀组织奖。杨贺老师、李月平老师被评为省骨干教师。凌晓丽、吴迪、邱健、张兰四位教师参加局直属学校教师中华经典诵读大赛获得二等奖，有多项省、市级课题获得立项。

2015年，生物、地理中考成绩优异，林建珊等95名同学生物100分，生物达"A"人数715人，达"A"率55%；林建珊等11名同学地理100分，地理达"A"人数729人，达"A"率56%；生物、地理"双A"人数628人，达"A"率接近50%。

"三尺讲台，终岁莫问枯荣事；两袖清风，回首只闻桃李香。"茂名市第一中学附属学校将继续发扬传统，开拓创新，以德育为本，以学生为先，和谐共进，翱翔未来。

（茂名市第一中学附属学校汇报材料）

# 锐意办窗口名校　精心育栋梁之材

茂名市第一中学附属学校，创办于2013年8月，是茂名市教育局直接管理的一所全日制中学，也是市委、市政府和市教育局重点扶持发展的学校。学校坚持高起点、新思路、创特色办学的思路，办学一年多，教师爱岗敬业，学生积极向上，办学成绩斐然，赢得了家长们的肯定和社会广泛赞誉。

## 一、浓郁的教学教研氛围

学校开办以来，一直坚持"走出去"的思想。学校多次组织老师到江苏泰州姜堰区励才实验学校、扬州市邗江外国语学校、佛山华英中学、番禺石基四中、惠州一中、江门新会葵城中学等学校交流学习。通过参观交流，努力提高教师的教学水平，更新教学理念，创新教学思维。学校坚持集体备课制度，每周一备，定好主备人，统一教案，统一课件，统一作业。为了提高教师的整体教学水平，学校举行了课堂大比武、教学开放日等活动。老师相互听课、相互学习的氛围浓厚，年轻教师进步很大，涌现出林海宇、邱健、黄思敏等一批新锐教师。

## 二、以学生为主体的课堂教学

我们的课堂教学坚持以学生为主体，努力践行"三个三分之一"的教学模式，全力探究新课改背景下，推进有效课堂，做到把课堂还给学生，让学生自主探究，主动学习的课堂新模式。教师在课堂教学中要发挥好自身的主导作用，让思维活动始终处于积极活跃的状态，就能面对千差万别的学生，创造性地拟定教学程序和方法，创设和谐、平等的师生关系和教育氛围。经过一年多的努力，学校涌现了一大批优秀课例，如杨贺老师的《一元一次方程（复习）》，许泽明老师的《假如人类也有尾巴》，张召桂老师的《诚信是金》，梁世旭老师的《我们的社会主义祖国》等。

## 三、凸显特色的体艺教学

学校大力推行素质教育，体艺教学进行得有声有色。学校成立了合唱团、舞蹈队，组建了管乐队、太极拳班等，率先在市直学校推行跑操，建设了美术室、钢琴室等，举行了美术手抄报比赛、现场书法比赛等活动。学生的美术、书法作品多次获得了省级一等奖。通过一年多的特色教学，校园充满了艺术氛围和人文关怀，成为广大学子向往的学习殿堂。

## 四、丰富多彩的社团活动

为了丰富学生的课余生活，学校创建了文学社、读书社、演讲协会、舞蹈队、英语协会等社团，开展了丰富多彩的社团活动。每天下午的第四节课，校园里处处充满生机。学校举办了经典诗歌朗诵比赛、演讲比赛、现场听写大赛、现场书法大赛、现场作文大赛、英语SHOW、绘画比赛等活动，为学生提供一个施展才华、展示自我的大舞台，也给学生筑建了一座建立友谊、增强集体凝聚力和团结精神的桥梁。通过这些丰富多彩的社团活动，既锻炼了学生的交际能力，又提高了学生的认知水平，为我校的素质教育添砖加瓦。

## 五、奋发有为的教师团队

我校师资力量雄厚。教师队伍中，有不少优秀党务工作者、南粤名师、名教师、名班主任、市优秀教师、市直属优秀教师、先进教育工作者、学科带头人、省市骨干教师等。学校以关爱学生为根本，以素质教育为抓手，分别以"养成教育、担当教育和前途理想教育"规划初中三个学段，注重学生"规范与个性并存，科学与人文并举"多元化的教育模式，因材施教，开设"走班制"，实施分层教学和学案导学，实施健康工程，坚定走"轻负担，高质量"的素质教育之路，使全体学生得到全面发展，最终达到学生"学得开心、学得轻松、学得实效"的教育效果。经过一年的教育，我校形成了奋发有为的教师团队，营造了老师爱教、学生乐学的浓郁氛围。

## 六、个性张扬的莘莘学子

我校学生朝气蓬勃，个性张扬。我校着力于培养学生德、智、体、美、劳等方面的素质修养，因此我校学生有以下几个特点：①志向高远；②道德高尚；③学业优秀；④身心健康；⑤个性张扬；⑥发展持续。我们培养学生的目标体现在"六个一"：①有一颗公正善良的心；②能讲一口标准的普通话和能用英语交流；

③能写一手工整的硬笔字和毛笔字；④掌握一种乐器表演；⑤爱好一项体育运动；⑥有一门最喜爱的学科并学有所长。相信在不远的将来，一中附校的莘莘学子，会在新社会建设的大潮中，大放异彩!

## 七、丰硕的教学成果

这一年来，我校取得了丰硕的教学成果。彭志洪校长在《师道·教研》上发表了名为《开展家校互动，促进素质教育》的文章。在茂名市"'新华育才杯'5000校长话创强（市直属学校赛区）"比赛中，我校陈有育副校长以一篇《创强不可弃弱》获得一等奖。在2014年全国初中数学竞赛中，我校李治达同学获得全国一等奖，有4人获得全国二等奖，14人获得全国三等奖。2014年物理竞赛，我校梁裕威同学获得全国三等奖。在广东省中小学第七届"暑假读一本好书"活动中，我校林洁妤获得一等奖，朱纪英获得二等奖，刘绮雯获得三等奖，学校获得优秀组织奖。杨贺老师、李月平老师被评为省骨干教师。凌晓丽、吴迪、邱健、张兰四人参加局直属学校教师中华经典诵读大赛获得二等奖，有多项省、市级课题获得立项。

教育无止境，学习日日新。在新课改的大潮中，我们一中附校全体师生将一如既往，敢为人先，大胆探索课改思路新模式，锐意办窗口名校，精心育栋梁之材！

（茂名市第一中学附属学校介绍）

# 德高风正廉从教，润得桃李春满园

百年大计，教育为本；教育大计，教师为本。一中附校积极响应习近平总书记在北师大的讲话，开展"忠诚人民教育事业，争做'四有'教师"专题师德师风教育活动，并结合学校的办学特色，创新活动载体，开展了一系列形式多样的师德师风专题教育活动。

## 一、随风潜入夜，润物细无声

我校成立了活动领导小组，并制定了《茂名市第一中学附属学校开展"忠诚人民教育事业，争做'四有'教师"专题师德师风教育活动实施方案》及细化方案。通过张挂宣传条幅、出版宣传专栏、编写活动简报等方式进行广泛宣传动员，并借助校讯通、学校网站、学校QQ群、各年级和科组微信群、校园广播、电信显示屏等平台营造浓郁的活动氛围。

我校召开"忠诚人民教育事业，争做'四有'教师师德师风"专题教育活动动员大会。全体教师在彭志洪校长的带领下举行了庄严的宣誓仪式，铿锵有力的宣誓让每位教师对争当"有理想信念、有道德情操、有扎实学识、有仁爱之心"的"四有"教师的信念更坚定。

## 二、德高风正廉从教，专题活动循序渐进

学高为师，身正为范。我校举行师德师风承诺及宣誓活动，并且每人读一本教育专著，撰写一篇1000字以上的读书心得体会；组织开展了"讲自己的故事，说身边的故事"——"五四"青年教师话成长演讲比赛等。同时，学校为教师建立了个人师德师风档案，将每位老师的纸质材料装进个人档案。"寻找一附最美师德标兵"，树立典型，弘扬正气，学习师德标兵的先进事迹，开展师德师风征文比赛，努力建设一支业务精湛、师德高尚、务实创新的教师队伍。学校举行"师德大讲堂"，开展师德师风调查活动。努力从教师关爱学生、终身学习、严谨治学方面，把师德教育和社会主义核心价值观相结合，建立和完善教师职业道德评价、

考核机制，努力打造师德高尚、业务精湛、结构合理、充满活力的高素质专业化教师队伍。

### 三、彰显特色教育，绽放社团活力

一中附校实施分层教育和因材施教，加强科组集体备课，真正做到以生为本，备教材、备学生、备教法、备学法；组织各科组教师深入课堂听课；开展"课堂大比武"活动；开展"结对拜师"活动，实施"班主任联盟""楼层教师联盟""科任老师联盟""家校联盟"，让有经验的教师帮扶青年教师，共同进步。

学校组织计算机应用能力提升培训，做好课题开题工作，坚持"走出去，请进来"的理念。这个学期，我校不但分批次组织了骨干教师到外地听课、跟岗学习，更从珠海市请来了德育工作专家李东生科长和优秀班主任陈万松老师到校作专题讲座，帮助全体教师提高德育工作能力和消除职业倦怠。

社团建设更是百花齐放：英语协会、演讲协会、读书社、文学社、合唱队、舞蹈队、管乐团、美术组、书法组等，通过开展丰富多彩的团队活动，丰富学生的课余文化生活，促进学生全面发展，增添校园活力。

### 三、清风两袖廉从教，一心只为润桃李

一中附校创新载体，务求活动与中心工作接轨，坚持教育工作四接轨：把师德师风教育与学校教育教学工作接轨；把师德师风与特色教育接轨；把师德师风教育与帮扶工作接轨；把师德师风教育与群众关注热点接轨。

我校与全体老师签订一系列承诺书，同时，我们还就家长反映强烈的问题，向学生发出了《关于教师师德问卷调查（学生）》深入调查。为正风肃纪，我们把"有偿家教、体罚或变相体罚学生、乱订或推销教辅资料等"列为我校师德的"红线"，谁也不能逾越，进一步营造了风清气正的良好师风。在一系列活动开展后，我校涌现了一批师德高尚、作风过硬的优秀教师。例如数学科组柯权英老师坚持带病上课，英语科组陈俏丽老师下午放学后坚持留下来辅导学生。

捧着一颗心来，不带半根草去。我校老师守住心灵的宁静，共同建设爱岗敬业、爱生如子的家园。

# 茂名市祥和中学关于实施义务教育实验课程改革工作情况的报告

从 2016 年 10 月份以来，我校积极响应市教育局关于推进义务教育课程改革及课堂教学改革试点的工作部署，结合本校的实际情况，同心协力，克服各种困难，有步骤、有计划地进行了实验课程改革，做到在摸索中前进，在借鉴中提高，取得了一定的成绩。为总结成功经验，明确下一步目标，达到预期目的，形成示范效应，推动我校走内涵式发展之路和为我市实现教育现代化目标添砖加瓦。现在就开展实验课程改革情况总结如下：

## （一）实验课程改革观念深入人心

实施素质教育，实现教育现代化的奋斗目标，必须实行实验课程改革。这是我们在办学思想上早已达成的共识，在办学行为上早已着手干的事情。沐浴着市教育局推进义务教育课程改革及课堂教学改革试点工作的春风，我们召开了一系列会议如行政领导班子会议、校务扩大会议、科组长会议、全体教师会议等，学习和强化实验课改的有关精神和要求，积极开展教学基本功比赛、实验制作、实验竞赛、实验演示、实验探究、校内校外公开课、小项目研究、校本课程开发、同课异构、融合现代信息技术的课程开发、微课制作、手工制作、社团活动、分层教学、走班式教学等形式多样、内容丰富的活动探索实验课程改革的有效模式和途径，使得我校的实验课程改革蔚然成风，教师实验课程改革意识和能力进一步提高，人人争当课改能手，为助推我市教育现代化目标的实现和减轻学生学业负担贡献自己的微薄之力。

## （二）实验课程改革工作有条不紊地进行

根据市教育局关于推进义务教育课程改革及课堂教学改革试点的精神和要求，结合学校的实际情况，我校扎实推进实验课程改革的各项工作，力争出色。

**1. 建章立制，规范管理，为持续推进实验课程改革保驾护航**

制度是管理的基石和保障，要实现有效管理，首先必须建章立制。为此，我校成立了以彭志洪校长为组长，陈有育副校长和梁任华副校长为副组长，各部门、级长、科组长为组员的实验课程改革领导小组，加强领导和组织管理，从建章立制入手，建立健全实验课程改革的相关制度，促进了各项工作的顺利开展。到目前为止，我校的各功能室、各学科管理制度和实验制度一应俱全，如《茂名市祥和中学物理实验室管理制度》《茂名市祥和中学物理实验室安全管理制度》《茂名市祥和中学化学实验教师岗位职责》《茂名市祥和中学化学实验室准备制度》《茂名市祥和中学化学实验室仪器管理制度》《茂名市祥和中学教学仪器领取使用制度》《茂名市祥和中学化学实验室危险品使用制度》《茂名市祥和中学生物仪器报损制度》《茂名市祥和中学生物实验考核评价》《学生实验守则》等，这有利于明晰职责，规范操作，减少实验过程中不必要的失误，也为顺利开展实验课程改革、实现创教育现代化目标提供强有力的支撑。

**2. 因地制宜，添加设备，为实验课程改革开展创造条件**

学校重新科学规划科技楼的布局：一楼是个性化学习教室；二楼、三楼是小学部教室；四楼主要是信息科组办公室、网管中心、智慧教室、录播室、微课室、智能教学资源多媒体发布系统、电脑室；五楼是电子书包、视频服务器、创客室、3D打印室、机器人制作、电视台、电工室、木工房、机械房、数据中心等；六楼是生物实验室、物理实验室；七楼是化学实验室。此外，不惜重金为各室配备、配足相关设备设施，完善资源配置。现在，各功能室能够正常运作，基本上满足了课程改革和实验课程改革的实际需要，大大提高了培养学生在物理、生物、信息及化学等学科的动手操作能力、实验能力和创新能力，改变了以前实验课停留在教师的口头上、课件的视频中的现象。

**3. 搭建平台，开展活动，使实验课程改革过程有声有色**

我校把实验课程改革纳入了教学计划，并作为教师期末工作考核的重要部分。在实际过程中，以活动为平台促改革，以改革为动力促发展，切实把实验课程改革的要义落实到位，提高教师的专业素养和教学能力，让学生在参与实验过程中收获知识和乐趣的同时锻炼其能力，提升综合素质。

（1）依托学科特色，创造性开展各种常规实验活动。物理、化学、生物及信息等学科的教学，都离不开实验和动手制作，而且它们各自都有自己的学科实验特点。但不管怎样，我们始终遵循一个原则，凡是课本里面有的实验，或者需要拓展的实验，我们都会不折不扣地完成，甚至想方设法创造条件高效地去完成，做到一个实验也不能漏,一个实验环节也不能少。如生物《观察叶片的下表皮》的实验教学中,课本介绍的实验材料菠菜,由于其存在保存时间短、容易萎蔫、不易撕下表皮,而且在显微镜下观察到的现象不是特别清晰等问题,我们通过师生共同的讨论与实践后发现金钱树(多年生常绿草本植物,多用于室内盆栽)可以代替菠菜,这就很好地达到实验的目的和效果;又如,毕业班要赶进度、课时紧,但是化学每个学期还是安排了学生分组实验,组织学生到实验室亲自动手做实验,让学生感受化学实验的乐趣、增强对化学学习的兴趣,同时通过实验补充理论知识的误区和盲点,锻炼学生的动手和操作能力。

(2)借赛促改,边实践边提高。竞赛是一种常用的、行之有效的促进实验课程改革的手段。在实际中,学生方面我们以学科为单位,精心组织学生开展了实验技能大赛、探究性演示实验、实验操作大赛、实验仪器制作大赛、摄影大赛、手工木工制作大比拼、机器人制作比赛等,此外,还积极组织学生参加市科技创新活动、省市地理竞赛、全国数学竞赛、联合国模拟法庭比赛等,均在不同方面不同程度上培养了学生学习的兴趣和严谨细密的钻研精神,增强了其动手操作能力、创新能力和团队合作能力;老师方面我们加强了"三通两平台"的培训和推广应用,"一师一优课 一课一名师"参评活动(晒课)、"101PPT"使用、平板电脑使用、微课制作培训和比赛、翻转课堂大赛、校际说课大赛、个性化学习活动竞赛、实验课程改革论文撰写和相关课题研究、实验基本功操作大赛、自制教具等,使老师的专业水平和综合素养在实践中得到锻炼和提升,更好地适应现代化教育发展的要求,为深入推进素质教育和生命教育,培养学生良好的品格和核心素养奠定坚实的基础。

**4. 坚持"引进来"和"走出去"相结合,切实提高实验课程改革的实效**

我校的实验课程改革在上级领导的指导和帮助下,扎根于本校的实际情况,依靠现有的教师资源、场室和设施设备,奋发向上。一方面,我们积极引进先进的技术和人才发展自我,如与华南师范大学附属学校建立合作,我们提供场所,他们提供人才和技术,就实验改革和课程改革进行研发先进的技术服务于我们的教学和实验课程改革;另一方面,我们也积极走出去与名校、大校、专家进行交流学习,取长补短,如到江门市实验中学深入学习他们实验课程改革的有益做法,派骨干教师参加广东省教育装备展和中国校园影视制作培训等系列活动,组队参加省、市的科技创新活动和实验竞赛活动等,丰满了教师自身技能的羽翼,为深

入推进实验课程改革添砖加瓦。

### (三) 实验课程改革凸显成效

实验课程改革，人人共建，人人共享。我校在探索实验课程改革过程中，不断地总结、反思、提升和完善，取得了骄人的成效。

(1) 学校功能室种类多，实验物品充足，能满足实验需要，较好地保证了各科实验开出率100%。现在，学校拥有电脑室3个，生物实验室2个，物理实验室4个，化学实验室4个，智慧教室1个，录播室1个，创客室1个；各类实验物品齐全，保管、使用规范。

(2) 教学方式正在发生转变。随着实验课程改革的不断深入，我校教师的教学方式也潜移默化地发生了变化。从过去教师引导学生"听"实验课的现象转变为今天教师引导学生"做"实验，在过程中十分注重以下三方面的引导，突出学生是课堂主人的角色，促进学生高效学习，提高实验操作能力。

①倡导并组织好探究性学习。在教学过程中培养学生的独立性、自主性，引导学生质疑、调查、实验、收集、分析和解读数据。在推理、判断和反思等探究活动中，既能理解、掌握和应用知识，又发展了收集和处理科学信息的能力，获取新知识的能力，分析解决问题的能力，交流与合作的能力，特别是培养了创新精神和实践能力。

②重视探究的过程，而不是结论。旨在让学生去体验和领悟科学的思想观念、科学家研究自然界、生活所用的方法，从中获取知识和技能，培养他们对科学、实验的热爱。

③创设探究性学习情景。如提供相关的图文信息资料、数据；或呈现模具、模型、生活环境；或从社会关注的与生物学有关的热点问题切入等。

(3) 学生的综合探究能力不断得到提升。通过实验探究，学生的学习兴趣大大提高了，课堂气氛活跃，学生真正体验到了乐趣，在实验中敢于大胆提问、大胆质疑，基本上掌握了实验探究式学习的基本步骤，并会拟定简单的科学探究计划和实验方案；能利用不同渠道收集信息，分析概括能力得到提高；能与其他同学交流，能应用已有的知识和科学规律去解释某些具体问题，在实验过程中能独立开展实验，又能与他人合作。

(4) 师生参与活动率高，成绩喜人。我校被确定为中国教育技术协会信息技术教育专业委员会理事代表大会常务理事单位，彭志洪校长被定为初中学段常务理事成员。教师参加"三通两平台"的培训，全部过关，并已在实际教学中充分运用。2015—2016年度"一师一优课 一课一名师"参评活动中，我校晒课225节，晒课率为103%，4人获得市级优课奖，4人获得省级优课奖，6人获得部级优课奖。物理、化学、生物、信息和地理等学科实验开出率100%。以蔡广梅老师的优秀课例《平行四边形的性质1》为代表的基于慕课的翻转课堂教研活动取得了初步的成果，正在以点带面，在校内各学科普及开展。邓锦燕老师在局直属学校的校际教研联动活动作了题为"化学方程式"的专题讲座，受到了一致好评。苏丽敏老师的实验教学说课《探究酒精或烟草浸出液对水蚤心率的影响》获得2016年茂名市教育局直属初中一等奖。师生参加"第四届'茂名国旅杯'2016年全市中小学师生'热爱家乡，感恩茂名'主题摄影大赛"，获得优异成绩，一等奖1人、二等奖3人、三等奖1人、优秀奖5人、优秀指导老师1人。2017年第28届"希望杯"全国数学邀请赛成绩优异，国家级和市级获奖总人数均列茂名市第一名，其中获得国家级奖励的有50人。2017年5月，我校学生参加广东省第七届地理奥林匹克竞赛，也取得优异成绩，获奖人数达737人，占参赛人数的42%，获一等奖人数168人，占所有一等奖人数的45%。学生参加乐博士杯第四届广东省青少年科技创新实践能力挑战赛比赛获省级二等奖。2017年广东省模拟联合国中学生大会，我校有24人顺利晋级。张木兰老师的作品《外源硅酸对番木瓜采后贮藏相关生理指标的影响》获2017年茂名市青少年科技创新大赛科技辅导员成果竞赛项目市三等奖。陈德炯老师指导学生的作品《茂名回南天的成因分析、危害及防范措施的探讨》获2017年茂名市青少年科技创新大赛科技辅导员成果竞赛项目市三等奖等。

### （四）实验课程改革任重道远

自从实行实验课程改革以来，我校在上级领导的指导和帮助下，一直砥砺前行，虽然取得了一定的成绩，但离局党委的要求、教育现代化的要求、社会的期盼和学生的需求还是有一定的距离，主要表现如下：

（1）受到传统教学模式的深远影响以及课程考试的限制，目前，诸如实验开放式管理、反转课堂的新型模式还不能完全在学校中全面开展。

（2）各类实验的开展仅局限于教材中现有的实验，很多拓展性实验、探究性实验、个性化实验、创新实验等还有待创造条件进一步去完成。

（3）由于实践时间的短促，对于各实验课程的改革，我们还需进一步更新自己的理念，改变传统单一的教学模式，实行多样化的教学方式，使理论更好地与实际相联系，解决实际问题。

（4）学校的设施设备还要加大物力人力投入，如木工房、电工房的物品筹备以及电视台的改造升级等。

（5）学生良好的实验习惯、动手操作能力、纪律意识、安全意识、合作意识、创造性思维等还需要进一步强化和培养。

不忘初心。我们将继续加强与上级部门沟通，争取他们的支持、指导和帮助。在实验课程改革过程中，积极关注实验课程改革前沿，克服困难，勇往向前，做到边学习和边总结，坚定不移地走课程改革实验改革兴校、科研强校之路，努力打造能够辐射茂名地区乃至省内外的实验课程改革之路，切实推进我校内涵式发展和可持续发展，推进教育现代化建设早日实现。

# 加强校际交流合作　促进教育均衡发展

为了缓解市直属学校招生的压力和加强教育区域的一体化发展，根据茂名市教育局的部署与安排，我校与茂南一中结对成办学共同体。我校按照市教育局统一制定的办学一体化规划，以科学发展观为指导，站在推动教育均衡发展的高度，进一步加强校际间的交流与合作，充分发挥教育资源的辅助作用，积极办学共同体开展工作，把我校与茂南一中办学共同体工作作为我校2015年的重要工作之一，持求真务实的原则，精心组织，周密实施，努力推动办学一体化工作的规范化、制度化、常态化运作。

## 一、高度重视，严密部署

按照市教育局文件要求，我校迅速成立了与茂南一中办学共同体工作领导小组，制定方案，明确任务，使工作规范化、制度化。

开展办学一体化工作，加强薄弱学校建设是一项难以操作的教育工程。但我校作为办学条件和师资力量相对强的一方，对相对薄弱的茂南一中真诚相助。为了大力推动和促进此项工作的开展，我们一是加大宣传力度，及时召开校领导班子会议和全校教职工会议，宣传办学一体化工作的深远意义，提高我校教师的意识；二是鼓励中青年骨干教师到茂南一中从事跟岗工作，并将跟岗与评优挂钩；三是定期组织教师深入与茂南一中教师开展教育教学研究、交流活动。我校领导对办学一体化工作十分重视，并把它作为提高学校管理水平的极好机会，使得此项活动自始至终有序有效开展着。

## 二、资源共享，共同提升

作为茂名市教育局直接管理的一所全日制中学，也是市委、市政府和市教育局重点扶持发展的学校，我校教学教研条件肯定优于兄弟学校。因此，我们承担办学一体化的主要教研工作。由于我校教师外出省内外培训、学习的机会较多，可带回较为先进的教育理念或教学方法，因此我们总是主动与茂南一中交流、

沟通。

### （一）常规教育教学探讨

为进一步加强教师队伍建设，提高教学质量，促进教师专业化发展，同时也给教师们提供一个展示的平台，我校定期开展常规教学活动。我校于 2015 年 6 月 5 日举办了第一届教师说课比赛，于 2015 年 12 月 24 日和 25 日上午在科学楼四楼录播室举行了第二届教学大比武，均邀请茂南一中骨干教师到学校听课，合作交流，听取报告，把我校简明新奇的课堂教学设计、精湛的教学艺术、全新的教学理念与茂南一中骨干教师分享交流探讨。我校与茂南一中的教育教学工作交流逐步常态化。

### （二）开放大型学校活动

为加强家校合作，丰富学生校园文化生活，营造良好学习氛围，提高教育教学水平，2015 年 12 月 28 日，我校迎来了 2015 学年度开放日、庆 2016 年元旦暨"四美"颁奖晚会。同时，也邀请了 40 多位茂南一中的干部和教师到我校观摩指导。本次开放日，分别设有课堂教学展示、班级文化展示、学生社团活动和阳光体育活动等环节，形式丰富。开放日后，两校就开放日活动做了深入的互动交流。茂南一中计划推广实施我校特色的班级文化和多彩的社团活动。

### （三）共享德育教育资源

我校非常重视学生的德育教育，特别注重国学对学生的熏陶作用，这一点我们与茂南一中的德育理念相吻合。2015 年 5 月 27 日下午，我校邀请了广东石油化工学院唐少莲教授到我校进行了"国学及其现代意义——兼谈国学与中学生成长"的国学专题讲座，我校全体教职工、30 多位家长代表和茂南一中 10 多位骨干教师到场参加。这次国学讲座，开阔了两校教师的视野，滋润了心灵，激发了对国学的兴趣，整个过程大家学习传统文化，感受人生，品味幸福，受益匪浅。两校将秉承国学精神，办有自己特色的国学教育。

### （四）网络平台互动交流

通过一年的相互了解，两校之间、教师之间建立了良好的友谊，而通过网络平台相互交流教学信息、教学方法、解疑释难，我校教师在教学理念、教学方法、教师心理等方面也得到了提高与发展。

### 三、加强联系，建立稳定的互访机制

为加强联系，促使共同提高，我们还建立了稳定的互访机制。一是领导互访，2015年5月18日，在教育局直属管理科王志维科长带领着梁均平校长领导下的茂南一中全体班子成员走进了我校，拉开了两校办学一体化的序幕。大家先参观学校的校容校貌，了解学校的办学思路和办学理念；随后又参加了由彭志洪校长主持的领导班子的校务会议。此后，2015—2016学年第一学期开学初，两校领导共同交流学校的发展规划与新学期的工作计划，就学校教育管理、教学研究、教育科研等进行了深入的探讨。了解两校工作实施情况，共商学校发展大计，确定下一阶段的工作重点，相互协调，保证工作顺利开展。二是教师互访，开展教研活动。主要以公开课、示范课、讲座课为载体，来提高两校教师在实际教学中的应用能力。三是学生互访。组织我校的学生与茂南一中学生建立"手拉手"互助互学活动，鼓励学生捐款、捐物，学校贫困学生和学习困难生得到精神上、物质上和学习上的帮助，从而达到共同进步的目的。

总之，开展办学一体化工作是教育改革中一项根本性的战略举措，通过2015年办学一体化工作，我校更加明确了办学目标，不仅提高了办学品位，而且提升了教师自身的业务素质，为我校的进一步发展赢得了更广阔的空间。在今后的工作中，我们将继续坚持从实际出发，注重实效，使双方达到相互促进、共同提高、优质资源共享的目的，为逐步改变薄弱学校的办学条件，实现城郊基础教育均衡发展作出应有的贡献。

（茂名市第一中学附属学校与茂南一中办学一体化工作总结）

# 文化引领，科学发展

茂名市祥和中学（原茂名市第一中学附属学校）是在全国示范性高中、省重点中学茂名市第一中学旧址创办的一所高规格的初级中学。一直以来，学校秉承原市一中浓郁的人文气息和严谨的校风、学风，继承市一中良好的文化底蕴和教育精神。学校以提高学生的综合素质为宗旨，坚持"文化引领，科学发展，规范与个性共存"的办学理念，为把学校办成创新型、高质量的"窗口"初中，实现茂名市教育梦和教育强市，现结合我校实际，特制定学校三年发展规划。

## 一、发展现状与分析

### （一）学校硬件建设

目前，学校的硬件设施有教学楼 2 幢，教室 70 间，个性化学习室 10 间；科学楼 1 幢，智慧教室 1 个，个性化教学室 1 个，录播室 1 个，计算机室 3 个，物理实验室 6 个，化学实验室 4 个，生物实验室 2 个；艺术楼 1 幢，音乐教室 6 个，美术教室 4 个，书法室 1 个；图书楼 1 幢；体育馆 1 幢，室内篮球场 1 个、室外篮球场 9 个，羽毛球场 6 个、乒乓球桌 10 张；生活大楼 1 幢，学生宿舍 180 间；能供 1000 人同时就餐的食堂 1 个。

### （二）办学优势与经验

（1）随着学校硬件设施不断完善，为深入开展教育教学工作创造了良好条件。

（2）教师队伍结构年轻化，40 岁以下的中青年教师居多，有相当部分老师在职称和学历提升方面意识较为强烈，有一定的专业发展内驱力。工作有干劲，有发展潜力。学校目前已基本形成一支师德良好、团结务实的教师队伍和管理队伍。

（3）学校教学成绩取得一定的成效，学校形成了较为严谨规范和谐的管理，基本上形成了良好的校风、学风、教风。

## （三）问题与不足的剖析

（1）先进的教育理念需要进一步强化并转化为全体教职工的自觉行为。新的课程改革，如我校正在探索推行的"书院式、分层式、个性化"教学模式，正确的教育理念在逐步树立，然而由于主客观等各种综合因素影响，教师教育观念的觉悟和提升仍然是阻碍我校发展的"拦路虎"。

（2）目前学校教师队伍建设中，存在三个问题：一是教师严重不足。二是教师队伍呈现年轻化，教育教学经验相对不足，有影响的骨干教师相对较少，须进一步加强对骨干教师的培养。三是学校教师两极分化，有省市优秀教师，有刚步出校门的年轻教师，有教学能力薄弱的教师。

（3）班级容量大。我校共4370名学生，在70个教学班中，学生多则七十几人、少则五十几人，庞大的班级容量，是对我校教育教学质量提升的最不利因素。

（4）学校硬件设施，校园环境建设不完善，同样是制约我校发展的重要因素。

## 二、学校三年发展思路

### （一）学校发展的文化引领

办学愿景：和谐大家庭，幸福附校人。

办学口号：同进、互赢、圆梦。

办学理念：文化引领，科学发展，规范与个性共存。

教学理念：面向全体，夯实基础，张扬个性。

校风：明德、敏行、创新、图强。

学风：勤学、善创、进取、感恩。

教风：博学、垂范、包容、爱生。

### （二）学校发展的主攻方向

**1. 坚持质量提升**

立足于立德树人，致力于质量提升，通过向管理要质量，向师资要质量，向课堂要质量，向科研要质量，向服务要质量，打造优质教育品牌，不断提升学校的核心竞争力。

**2. 培育文化精神**

立足于育人为本，致力于文化引领，通过挖掘、提炼和提升学校历史文化、校园文化、制度文化、环境文化、师生精神文化、课堂文化、社团文化等，打造学校办学品位和办学特色，不断提升学校可持续发展力。

**3. 坚持特色发展**

学校成立了茂名市首家学校足球俱乐部及合唱团、舞蹈队、田径队，组建了管乐队、太极拳班等，丰富了学生的课余生活；率先在市直学校开设课间跑操活动，建设了美术室、钢琴室、书法室等，为学生提供全面发展的契机；建立创客室、智慧教室、木工电工实验室，实施电子书包在个性化教学的推广应用，举行了美术手抄报比赛、现场书法比赛等活动，充分展现学生的特长，使学校充满了艺术氛围和人文关怀，成为广大学子向往的学习殿堂。

## 三、学校三年发展目标

### （一）学校三年发展总目标

充分发挥学校地理的区域优势，着眼于内涵发展，不断完善办学理念、培育学校精神、优化育人环境、推进科学管理、提升教育质量、创建办学特色、促进师生发展，通过三年努力，实现以下目标：第一，实现教学手段现代化，达到班班通、人人通、家家通；第二，以年级管理为主，建立以学科组长为中心的学科联盟、教师管理联盟、班主任联盟和以班主任为中心的班级教师联盟的初中名校和"环境优美、设施完备、文化浓郁、校风优良"的"窗口"学校，在粤西地区最具影响力的初级中学。

### （二）学校三年发展特色品牌建设目标

**1. 打造新型课堂教学特色**

坚持面向全体、因材施教，以数字化校园为载体，推进课堂教学改革，探索书院式课堂教学实践，提升教师专业发展水平，初步形成"关注差异、多元实施、分层推进"的新型课堂教学模式。

**2. 打造校园社团文化特色**

坚持育人为本、全面发展，着眼于学生身心健康、特长发挥、兴趣开发和信心培养，重点实施"琴棋书画类进课堂"项目和青少年足球体育项目，开发心理辅导课程，推进校园社团活动的广泛深入开展，营造积极、健康、向上的社团文化氛围。

### （三）学校三年发展具体分目标

**1. 分项目思路与目标**

进一步改善办学条件，完善学校育人设施建设，推进教育信息化建设，发挥好各类设施设备的育人功能，为教育现代化建设提供有力的物质支撑；进一步提升管理水平，完善制度建设，加强民主管理，强化安全保障，推进教育合作与交流，提升学校管理科学化、规范化、精细化水平；进一步关注学生发展，加强和改进青少年思想道德建设，推进"轻负高质"课堂教学改革，活跃校园社团文化，关注每一个学生，促进学生全面发展，使教育教学质量稳步提升，主要指标保持在全区初中前列；进一步加强队伍建设，健全落实师德师风建设长效机制和注重教师专业发展，健全教师成长档案，加大名优教师培养力度，确保师资队伍水平取得明显提升。

**2. 具体考核目标**

| 项目 | 负责人 | 完成时间 | 督促人 | 检查人 |
| --- | --- | --- | --- | --- |
| 建设监控中心 | 曾俊达 | 2015年12月 | 彭雄东 | 彭志洪 |
| 建设心理辅导室 | 陈伟庆 | 2015年12月 | 彭雄东 | 陈有育 |
| 建设校史陈列室 | 朱丽燕 | 2016年12月 | 吴伟森 | 陈有育 |
| 建设安全体验室 | 陈伟庆 | 2016年12月 | 关世兵 | 彭志洪 |
| 建设班班通、人人通 | 曾俊达 | 2017年12月 | 杨贺 | 彭志洪 |
| 建设电子阅览室 | 杨贺 | 2016年12月 | 李月平 | 陈有育 |
| 建设科技实验室 | 曾俊达 | 2017年12月 | 李月平 | 彭志洪 |
| 建设A级食堂 | 朱丽燕 | 2017年12月 | 吴伟森 | 彭志洪 |
| 建设标准化医务室 | 黄天虹 | 2016年6月 | 关世兵 | 陈有育 |
| 校训墙、规范墙、毕业墙 | 梁智雄 | 2017年12月 | 关世兵 | 彭志洪 |
| 建设艺术、科技长廊 | 梁智雄 | 2016年6月 | 关世兵 | 彭志洪 |
| 建设阅读点、阅报点 | 朱丽燕 | 2016年8月 | 吴伟森 | 陈有育 |
| 实施校务公开 | 朱丽燕 | 2015年12月 | 吴伟森 | 陈有育 |

续上表

| 项目 | 负责人 | 完成时间 | 督促人 | 检查人 |
|------|--------|----------|--------|--------|
| 实施依法治校 | 陈伟庆 | 2015年12月 | 彭雄东 | 陈有育 |
| 健全学校章程 | 朱丽燕 | 2016年12月 | 吴伟森 | 陈有育 |
| 落实岗位职责 | 陈伟庆 | 2016年12月 | 关世兵 | 陈有育 |
| 争办广东省书香校园 | 杨贺 | 2016年12月 | 彭雄东 | 彭志洪 |
| 争办广东省安全文明校园 | 陈伟庆 | 2016年12月 | 彭雄东 | 彭志洪 |
| 争办广东省体育特色学校 | 莫海平 | 2016年8月 | 关世兵 | 陈有育 |
| 争办广东省现代教育技术实验学校 | 曾俊达 | 2017年7月 | 彭雄东 | 彭志洪 |
| 争办广东省文化传承学校 | 许泽明 | 2016年12月 | 李月平 | 陈有育 |
| 争办广东省规范化学校 | 吴伟森 | 2016年12月 | 陈有育 | 彭志洪 |
| 打造市精品社团 | 杨敏 | 2016年12月 | 彭雄东 | 陈有育 |
| 建设市名师工作室 | 许泽明 | 2016年7月 | 李月平 | 陈有育 |
| 建设省名师工作室 | 许泽明 | 2017年7月 | 李月平 | 陈有育 |
| 申报省市级课题 | 许泽明 | 2017年7月 | 李月平 | 陈有育 |
| 推进书院式教学 | 许泽明 | 2017年7月 | 李月平 | 陈有育 |
| 足球学校 | 莫海平 | 2016年8月 | 关世兵 | 陈有育 |

## 五、学校三年发展规划实施的主要措施

### （一）完善管理机制，促进学校规范发展

以现代学校制度建设为工作重点，着力推进依法治校、规范办学、校务公开，为学校师生提供更加优质、高效、精细的服务。

要紧紧围绕管理现代化、装备现代化、师资现代化、教育优质化、办学特色化的要求，统筹学校各项工作，本着创新精神，在师生发展、立德树人、质量提升、办学特色建设、校园文化建设、信息化建设、民主法治建设、对外交流等方面推进并实施"一揽子"改革方案并有序有效推进实施。

### （二）加强教研科研，促进教师专业发展

以课堂为主阵地，以教研科研工作为重要抓手，努力提高教育教学质量，提升教师专业发展水平。

要完善校级岗位能手、教坛新秀、骨干教师、学科带头人、最美教师评选体系，与市名优教师体系对接；建设师徒结对"青蓝共同体"，使新教师快速适应岗位，丰富教学经验，有效提高教学水平；建设"名师工作室"，使中青年教师得到有效专业引领，形成团队优势；进一步优化教师培养培训模式，构建校本培训体系，建立健全考核与奖惩制度，为教师专业发展搭建平台；要进一步完善教学质量监控，成立质量提升小组，科学制订学生培养目标和培养计划，科学监测日常教学质量，科学评价教师教学质量，促进教师业务水平的提升。

### （三）改进育人模式，促进学生全面发展

坚持立德树人，促进学生德、智、体、美等各方面全面发展，培养学生个性和特长，培育优良校风和学风，为学生的成长提供安全、稳定的校园环境。

要进一步健全德育网络，加强班集体建设，优化学生德育体系和评比机制，关注学生心理健康和后进生帮扶教育，营造优良的校风、班风。要高度重视体育、卫生、艺术教育、科技教育工作，开展好各类校节校会活动，推进阳光体育运动，加强艺术、科技及其他社团建设，常态化开展各类社团活动，组织学生积极参加各类活动和竞赛，确保参赛质量，促进学生兴趣、特长的发挥。

### （四）营造良好氛围，促进学校和谐发展

以师德师风建设为重点，凝聚全体教职工共识，焕发创新活力，团结协作，营造和谐进取的校园氛围。

进一步加强班子建设，深入师生、深入课堂、改进作风、敢于担当，提高班子凝聚力和号召力。进一步深化师德师风教育，深入开展师德师风建设承诺、集中家访、对照检查、查摆问题、评议反思、师德考核等系列活动，努力发现身边的好典型，并着力推出若干优秀师德楷模进行表彰和宣传。加强安全管理，落实安全责任制，扎实开展安全隐患排查、安全法制教育、安全演练、食品安全工作和传染病预防工作，并联合有关部门开展周边安全综合整治，确保在校师生安全。强化校内外宣传，及时梳理和宣传各部门、广大师生取得的各项成绩，凝聚发展共识，牢牢把握舆论导向。

### （五）坚持以创建教育现代化学校为契机，扎实推进各项工作顺利开展

我校以茂名市 2019 年实现创建广东省推进教育现代化先进市的奋斗目标为契

机,把创建教育现代化学校作为学校重点工作来抓,创造性地开展教育现代化各项工作,努力使我校的办学水平和办学质量更上一个台阶,以适应现代化教育的需求,办好人民满意的教育。

(1)科学布局,为创现提供广阔空间。学校重新科学规划科技楼的布局:一楼是个性化学习教室;二楼、三楼是小学部教室;四楼主要是信息科组办公室、网管中心、智慧教室、录播室、微课室、智能教学资源多媒体发布系统、电脑室;五楼是电子书包、视频服务器、创客室、3D打印室、机器人制作室、电视台、电工室、木工房、机械房、数据中心等;六楼是生物实验室、物理实验室;七楼是化学实验室。此外,不惜重金为各室配备、配足相关设备设施,完善资源配置。现在,各功能室能够正常运作,基本上满足了课程改革和实验课程改革的实际需要,为顺利推进教育现代化的工作提供了广阔的空间。

(2)逐步推进教育技术现代化。我校加大人力和物力投入,建成的智慧教室、录播室、微课室等场室在实际教学中发挥了巨大的作用。校园网络的网速从原来的100M提升至500M。以科组为单位积极开展"云课堂""人人通"和"101PPT"的培训与推广应用,提高了教师信息技术素养和整合课程、教材的能力。积极开展微课培训、制作比赛、翻转课堂的有效探索,现以蔡广梅老师的优秀课例《平行四边形的性质1》为代表的基于慕课的翻转课堂教研活动取得了初步的成果,正在以点带面,在校内各学科普及开展。接下来,还会加快电视台的升级改造、创建创客室、木工手工机械室、3D打印室、机器人制作室等。

(3)加强校园文化建设。我校注重的楼文化建设、道路文化建设、广场文化建设,经广大师生家长充分讨论认同,重新命名格物楼、致知楼、致真楼、致正楼、致理楼、兰亭楼、德馨楼,创建桃李园、图强广场和圆梦广场等奋发向上、和谐共进的系列文化,打造仁、义、礼、智、信和忠、孝、耻、勇、廉的祥和群心、和心共进的楼梯文化,建立国学厅、孔子学堂、棋艺长廊、名人事迹、恭俭感恩的国学经典和进文化等。使学生在校园大环境中感受和进文化的熏陶,激发学生成才、成人,形成团结、和进、合作的幸福祥和的愿景,为有效推进素质教育和教育现代化做好铺垫。

(茂名市祥和中学2015—2017年发展规划)

# 抓中心　突重点　细管理　显特色

回顾刚结束的学期工作，我校在上级领导的正确领导和帮助下，全体师生"撸起袖子加油干"，紧紧抓住以教学为中心，以创教育现代化学校为重点，实施精细化的管理，努力打造办学的特色，使得我校的办学水平和办学质量更上了一个台阶。现将本学期的工作总结如下：

## （一）坚持以教学为中心，全力推进课程改革

教学工作是学校的中心工作，是推动学校持续发展的生命动力所在。推进课程改革是实施素质教育、减轻学生学业负担的重大举措，也是实现教育现代化目标的应有之义。这学期，我校有幸成为市教育局推进义务教育课程改革及课堂教学改革的试点单位，这无疑是对我们教学工作、课程改革工作的肯定，也是上级给予我们的一种更高的期盼，期盼我校走出一条能够辐射茂名地区及至省内外具有操作性强的、影响深远的实验课程改革之路，成为示范性实验课程改革基地。

### 1. 创新教学模式，践行"三个三分之一"

新课程明确指出，在教学中必须尊重学生，突出学生的主体地位，发挥教师的主导作用。这就要求我们必须重新审视自己的课堂教学行为，再用老一套的教学方法必定走不通，必会到处碰壁。因此，我们倡导和践行课堂"三个三分之一"模式，即三分之一时间教师精讲，三分之一时间学生讲、议、练和评，三分之一时间师生互动，引导教师构建互动性、激励性、探究性、点拨性、情景性的课堂教学模式，做到把课堂还给学生，让学生自主探究、合作学习。实践证明，这样的教学模式，缓解了教学之间的矛盾，增进了教材与学生之间的对话和老师与学生之间的互动，活跃了课堂气氛，提高了课堂教学成效，减少了两极分化，有力地促进了素质教育的实施和学生核心素养的发展。

### 2. 搭建平台，开展活动，使实验课程改革有声有色

根据市教育局关于推进义务教育课程改革及课堂教学改革试点的工作部署，我们把实验课程改革纳入了教学计划，并作为教师期末工作考核的重要部分。在

实施过程中，以活动为平台促改革，以改革为动力促发展，切实把实验课程改革的要义落实到位，提高教师的专业素养和教学能力，让学生在参与实验过程中收获知识和乐趣的同时锻炼其能力，提升综合素质。

（1）依托学科特色，创造性开展各种常规实验活动。物理、化学、生物及信息等学科的教学，都离不开实验和动手制作，而且它们都有自己的学科实验特点。但不管怎样，我们始终遵循一个原则，凡是课本里面有的实验，或者需要拓展的实验，我们都会不折不扣地完成，甚至想方设法创造条件高效地去完成，做到一个实验也不能漏，一个实验环节也不能少。如生物《观察叶片的下表皮》的实验教学中，课本介绍的实验材料菠菜，由于其存在保存时间短、容易萎蔫、不易撕下表皮，而且在显微镜下观察到的现象不是特别清晰等问题，我们通过师生共同的讨论与实践后发现金钱树（多年生常绿草本植物，多用于室内盆栽）可以代替菠菜，这就很好地达到实验的目的和效果；又如，毕业班要赶进度、课时紧，但是化学课每个学期还是安排了学生分组实验，组织学生到实验室亲自动手做实验，让学生感受化学实验的乐趣、增强对化学学习的兴趣，同时通过实验补充理论知识的误区和盲点，锻炼学生的动手和操作能力。

（2）借赛促改，边改边提高。竞赛是一种常用的、行之有效的促进实验课程改革的手段。在实际中，学生方面我们以学科为单位，精心组织学生开展了实验技能大赛、探究性演示实验、实验操作大赛、实验仪器制作大赛、摄影大赛、手工木工制作大比拼、机器人制作比赛等。此外，还积极组织学生参加市科技创新活动、省市地理竞赛、全国数学竞赛、联合国模拟法庭比赛等，在不同方面、不同程度地培养了学生学习的兴趣和严谨细密的钻研精神，增强了其动手操作能力、创新能力和团队合作能力。老师方面我们加强了"三通两平台"的培训和推广应用，"一师一优课 一课一名师"参评活动（晒课）、"101PPT"使用、平板电脑使用、微课制作培训和比赛、翻转课堂大赛、校际说课大赛、个性化学习活动竞赛、实验课程改革论文撰写和相关课题研究、实验基本功操作大赛、自制教具等，使老师的专业水平和综合素养在实践中得到锻炼和提升，更好地适应现代化教育发展的要求，为深入推进素质教育和生命教育，培养学生良好的品格和核心素养奠定坚实的基础。

功夫不负有心人。我校坚定不移地走课程改革和实验课程改革之路，开拓进取，取得了可喜的成绩。其中：我校被确定为中国教育技术协会信息技术教育专业委员会理事代表大会常务理事单位，彭志洪校长被定为初中学段常务理事成员。

教师参加"三通两平台"的培训,全部过关,并已在实际教学中充分运用。2015—2016年度"一师一优课 一课一名师"参评活动中,我校晒课225节,晒课率为103%,4人获得市级优课奖,4人获得省级优课奖,6人获得部级优课奖。物理、化学、生物、信息和地理等学科实验开出率100%。邓锦燕老师在局直属学校的校际教研联动活动作了题为《化学方程式》的专题讲座,受到了一致好评。苏丽敏老师的实验教学说课《探究酒精或烟草浸出液对水蚤心率的影响》获得2016年茂名市教育局局直属初中一等奖。师生参加"第四届'茂名国旅杯'2016年全市中小学师生'热爱家乡,感恩茂名'主题摄影大赛",获得优异成绩,一等奖1人、二等奖3人、三等奖1人、优秀奖5人,优秀指导老师1人。张木兰老师的作品《外源硅酸对番木瓜采后贮藏相关生理指标的影响》获2017年茂名市青少年科技创新大赛科技辅导员成果竞赛项目市三等奖;陈德炯老师指导学生的作品《茂名回南天的成因分析、危害及防范措施的探讨》获2017年茂名市青少年科技创新大赛科技辅导员成果竞赛项目市三等奖等。2017年第28届"希望杯"全国数学邀请赛成绩优异,国家级和市级获奖总人数均列茂名市第一名,其中获得国家级奖励的有50人。2017年5月,我校学生参加广东省第七届地理奥林匹克竞赛,也取得优异成绩,获奖人数达737人,占参赛人数的42%,获一等奖人数168人,占所有一等奖人数的45%。学生参加乐博士杯第四届广东省青少年科技创新实践能力挑战赛比赛获省级二等奖。2017年广东省模拟联合国中学生大会,我校有24人顺利晋级。在"CCTV希望之星"英语风采大赛中,张玉婷同学获广东省二等奖。

## (二)坚持以创建教育现代化学校为重点,扎实推进各项工作顺利开展

我校以茂名市2019年实现创建广东省推进教育现代化先进市的奋斗目标为契机,把创建教育现代化学校作为学校重点工作来抓,创造性地开展教育现代化各项工作,努力使我校的办学水平和办学质量更上一个台阶,以适应现代化教育的需求,办好人民满意的教育。

(1)科学布局,为创现提供广阔空间。学校重新科学规划科技楼的布局:一楼是个性化学习教室;二楼、三楼是小学部教室;四楼是信息科组办公室、网管中心室、智慧教室、录播室、微课室、智能教学资源多媒体发布系统室、电脑室;五楼是电子书包室、视频服务器室、创客室、3D打印室、机器人制作室、电视台、电工室、木工房、机械房、数据中心等;六楼是生物实验室、物理实验室;

七楼是化学实验室。此外，不惜重金为各室配备、配足相关设备设施，完善资源配置。现在，各功能室能够正常运作，基本上满足了课程改革和实验课程改革的实际需要，为顺利推进教育现代化的工作提供了广阔的空间。

（2）努力提升师资队伍素质。一方面，我校依靠本校资源，通过"老带新""结对子，传带帮扶""名师讲座""专题讲座""校本培训""强师工程"等方式促进教师自身素质的提高，促使他们树立现代化的教育思想与理念；另一方面，邀请专家、教研员到校为教学"把脉"、指导探讨，派出骨干教师到外交流学习，如到江门实验中学、湛江培才一中、广州铁一中学以及电白、高州等地的兄弟学校进行交流学习，提高自身专业水平。

（3）逐步推进教育技术现代化。我校加大人力和物力投入，建成的智慧教室、录播室、微课室等场室在实际教学中发挥了巨大的作用。校园网络的网速从原来的100M提升至500M。以科组为单位积极开展"云课堂""人人通"和"101PPT"的培训与推广应用，提高了教师信息技术素养和整合课程、教材的能力。积极开展微课培训、制作比赛、翻转课堂的有效探索，现以蔡广梅老师的优秀课例《平行四边形的性质1》为代表的基于慕课的翻转课堂教研活动取得了初步的成果，正在以点带面，在校内各学科普及。接下来，还会加快电视台的升级改造，创建创客室、木工手工机械室、3D打印室、机器人制作室等。

（4）加强校园文化建设。我校注重楼文化建设、道路文化建设、广场文化建设，经广大师生家长充分讨论认同，重新命名格物楼、致知楼、致真楼、致正楼、致理楼、兰亭楼、德馨楼，创建桃李园、图强广场和圆梦广场等奋发向上、和谐共进的系列文化，打造仁、义、礼、智、信和忠、孝、耻、勇、廉的祥和群心、和心共进的楼梯文化，建立国学厅、孔子学堂、棋艺长廊、名人事迹、恭俭感恩的国学经典和进文化等。使学生在校园大环境中感受和进文化的熏陶，激发学生成才、成人，形成团结、和进、合作的幸福祥和的愿景，有效推进素质教育和教育现代化作好铺垫。

### （三）实施精细化的管理，助推学校健康发展

这学期，不管是常规管理、德育工作，还是后勤服务，我校都进一步加强精细化管理，责任到人到事，确保学校平安顺利发展、师生幸福快乐成长。

（1）利用现代化工具办公。行政组、教研组、年级组和科组都建立了各自的微信群，利用微信平台汇报工作，提高了信息反馈和处理突发情况的效率。

（2）强化联盟建设。进一步细化了家校互动、班主任联盟、班级联盟、楼层联盟的工作职责和要求，真正发挥这些联盟的功能。

（3）坚持德育为首，安全为重。我校始终贯彻初一养成教育、初二担当教育和初三励志教育的主线，充分利用好主题班会和国旗下讲话这两个平台，对学生进行系列道德教育，责任教育、生命教育、理想教育等，增强学生宽容意识、责任意识、坚强意识、担当意识等并践行之。同时，积极配合市教育局安保科的安全工作要求，细化安全工作措施，确保学生平安、快乐、健康成长。

（4）进一步强化服务意识。我校通过学习和落实《教师职业道德行为规范》，加强师德师风教育，以增强教师们的服务意识，增强全体教职工的责任感、使命感，同时加强党建工作，定期召开党员纪律教育，发挥党员教师在工作中的模范带头作用。通过教育、监督和评比的方式加强对教官的管理，增强教官和宿舍管理员的争先创优服务意识，提高服务质量，为更好地服务师生打下坚实基础。加强饭堂员工培训，坚持开餐前会议，在保证食品质量的同时，改变食堂菜色，让学生吃得更满意，让家长更放心。

### （四）创办特色，推动学校内涵式发展

实施素质教育，办出特色，实现学校内涵式发展，一直是我们学校的追求和大力想干的事情。

**1. 打造足球特色品牌**

我校积极贯彻国家及省市各级政府文件精神，开展"足球进校园"活动，申报的全国青少年校园足球特色学校已批准公示，足球特色品牌逐渐树立，大大丰富了学生的校园生活。2016年12月我校足球队以良好的状态夺得"市长杯足球赛"第二名的好成绩。2017年5月，足球队参加茂名市"2017U互动茂名城市赛"，获少年组冠军，并晋级参加在佛山举行的大区赛。

**2. 以"书法"为基调，传承国学元素**

我校十分注重书法的教学，书法的实力也十分雄厚，这为我校传承传统优秀文化、培养学生高雅情趣奠定了良好的开端。2017年6月1日，中国书法家协会会员，广东省书法家协会名誉理事，茂名市政协原主席吴兆奇老先生莅临学校指导校园文化建设，为师生上书法课并留下珍贵墨宝。2017年6月26日，在茂名市书法家协会副主席梁事明先生的陪同下，书法名家、中国书法家协会隶书委员会

委员、中国书协"翰墨薪传"全国中小学师资培训"专家教师团"成员、河北省书协隶书委员会主任王增军先生莅临我校,为师生们上书法课并留下珍贵的墨宝。2017年6月举行了"2017年夏季书画社团作品展";学生参加"第八届广东省中小学规范汉字书写大赛",分别有师生8人次获得获一、二、三等奖。

### 3. 以管乐为龙头,发展器乐特色

我校坚持把艺术教育作为素质教育的重要突破口,以管乐为龙头,发展器乐教育的实验和探索为特色,学校专门成立特色教育领导小组,由彭志洪校长任组长,陈有育副校长、梁任华副校长任副组长,全体中层领导任组员。何福成、莫海平、王贺楠、柯彩平为组员负责日常管理工作,自始至终把艺术特色教学当作一项重要内容来抓。

### 4. 以社团活动为平台,促进学生全面发展

我校创办了文学社、英语沙龙、书画协会、演讲协会、合唱团等社团,丰富了学生的课余生活,为推进素质教育提供了强大的助力。

虽然本学期我校的各项工作取得了一定的成绩,但也存在一些问题,如目前教师缺编比较严重,加上随着二胎政策的放开,出现了女教师生育小高峰,扎堆休产假的现象使教学工作处于较被动的状态,部分教师超负荷工作;均衡招生后,学生的基础参差不齐,给教育带来不少的困难;教师的激励机制有待完善,幸福感也有待提高;"创现"的压力大,等等。这使得我们不敢有半点松懈,必须居安思危,锐意进取,做好以下几方面工作:①全面推进教育现代化,大力开展个性化教育;②打造科技创新品牌,推进学校品质发展;③全力推进课程改革,积极建设实验示范课程;④发挥特色教育优势,培养学生核心素养;⑤加强校园文化建设,促学校内涵发展,建现代化名校。

(茂名市祥和中学2016—2017学年第二学期工作总结)

# 加快发展步伐，建现代化名校

## 一、指导思想

学校坚持以科学发展观统领工作全局，在市教育局的正确领导下，团结全校师生，全面贯彻市教育局2017年市直属中小学校长工作会议精神，全面推进素质教育，大力推进教育现代化建设，努力规范办学行为，强化优质服务意识，细化学校内部管理，确保校园安全稳定，积极营造和谐向上的校园文化，不断提升办学层次和教学质量，不断增强学校可持续发展能力，促进教育全面、协调、持续、健康发展，努力办好人民满意的初中教育。

## 二、工作目标

（1）全面推进教育现代化，大力开展个性化教育。
（2）打造科技创新品牌，推进学校品质发展。
（3）全力推进课程改革，积极建设实验示范课程。
（4）发挥特色教育优势，培养学生核心素养。
（5）加强校园文化建设，促学校内涵发展，建现代化名校。

## 三、工作措施

### （一）全面推进教育现代化，大力开展个性化教育

教育现代化是发展的趋势，也是机遇和挑战。省教育厅厅长罗伟其指出，"十三五"时期是全面建成小康社会决胜阶段，必须牢固树立、全面贯彻创新、协调、绿色、开放、共享五大发展理念，以教育现代化为总目标，以教育"创强争先建高地"为总抓手，以"全面深化教育领域综合改革，全面推进依法治教，切实保障教育公平，不断提高教育质量"为主线，确保到2018年率先基本实现教育现代化，力争到2020年全面实现教育现代化。因此，我校在2017—2018学年将从以下

 "和进教育"的 思与行

几个方面去建设。

**1. 抓住机遇，加大投入，努力完善办学条件**

在本学年，我校计划全面提升教学网络，使校园安全网络全覆盖，实现班班通，全面推进校园信息化建设。现已经建设了微课录播室、智慧教室等，接下来会继续建设创客室、学校电视台、3D打印室等。

**2. 创新教育教学手段**

转变教学手段和教学理念，充分发挥多媒体和智慧教室媒体作用，深入推进分层教学，着力培养学生的学习兴趣，大力推广学生电子书包，邀请华南师范大学电子信息技术学院到我校开展教师教育手段培训。深入推行十项承诺，贯彻落实"面向全体、科学发展、创办特色"的办学理念，大面积提高教学质量，抓好以平均分、合格率、优秀率、85%优良率、巩固率为组成部分的"一分四率"考核评价。

**3. 充分发挥教研组的职能作用**

一方面充分发挥教研组长带头作用；另一方面，重视对教研组长的培养和提高工作。例如，定期组织学习，开交流会、座谈会等，共同开展教科研活动。通过这些活动，使我校的教科研活动能够收到明显的效果，教研组长的职能作用能够得到充分的发挥。此外，积极开展教师课堂大比武，组织老师外出学习，请名师到学校开讲座，打造一批名师，提高教学业务水平。

**4. 注重对青年教师的培养，实施"名师工程"**

学校积极支持并努力为教师参加省、市优质课、公开课等教学评比竞赛创造条件，对每一节研究课、观摩课都要课前说课，课后评课。坚持"走出去、请进来"的模式，进行名师经验交流，培养青年名师。

**5. 我校学生朝气蓬勃，个性张扬**

我校着力于培养学生德、智、体、美、劳等方面的素质修养，因此我校学生形成以下几个特点：①志向高远；②道德高尚；③学业优秀；④身心健康；⑤个性张扬；⑥发展持续。我们培养学生的目标体现在"六个一"：①有一颗公正善良的心；②能讲一口标准的普通话和能用英语交流；③能写一手工整的硬笔字和毛笔字；④掌握一种乐器表演；⑤爱好一项体育运动；⑥有一门最喜爱的学科并学有所长。

## （二）打造科技创新品牌，推进学校品质发展

学校以团委为抓手，密切联系市科协，深入贯彻落实《科普法》和《全民科学素质行动计划纲要》，大力开展科技创新教育特色办学活动，带动学校整体发展，教育质量和办学水平不断提高。

（1）开展创造性的科技教育活动，提高学生科技素养。提高学生的科技素质，培养创造型人才是进行科技教育的核心，必须让学生将课本上所学的知识在验证的基础上去运用、发挥，自由地表现他们的想象力与创造力。

①将科技教育活动纳入班级月查管理，发动学生广泛参与。常规性科学教育活动包括以下几大类。

制作类：科技小发明、学具大制作等。

操作类：各类电器使用、常用工具的使用、微机应用。

信息传播类：电脑绘画、网页制作、动画制作等。

实验类：根据新课程标准设置相关实验教学。

学习考察类：参观考察市科技馆、科普基地等。

（2）长期坚持开展小发明、小制作、小实验和小考察活动。为了开展好这些活动，可带领学生参观市科技馆的科普展等，到公共场所、外地等进行专项调查活动，通过开展活动，让学生开阔眼界，丰富头脑，提高开展活动的水平与质量。在活动中，我们要特别注意鼓励学生多问"为什么"，多想"还可以怎么做""还可以用什么材料"等问题，从而启发学生的"求异思维"。

（3）开展祥和中学科技创新活动，举办祥和中学科技节。举办一次科技创新活动，组织学生完成"五个一"，内容是"读一本科技书；做一件小制作或搞一件小发明；知道或了解一个科学家的故事；参加一次科技考察活动；会员学会用电脑制作作品，会画一张科幻画"，在校内营造浓厚的崇尚科学、探索创新、挑战新科技的浓厚氛围。

## （三）全力推进课程改革，积极建设实验示范课程

实验课程是一项系统工程，任重而道远。实验课程集中体现了新的教育思想和教育理念，是落实培养目标的施工蓝图。在未来一年，我校将全力推进实验课程改革，积极建设实验示范课程。

（1）落实新课程标准和要求，开足开齐物理、化学、生物、地理、信息、科学等实验课程，逐步完善资源配置，优化实验课程改革评价，关注学生核心素养，让每个学生都有机会参与到这些课程改革中来，收获知识和乐趣的同时锻炼其能力，提升综合素质。

（2）开展小项目研究，开设校本课程，关注实验课程改革方向和课堂教学改革的前沿，注重实验课课改内容和形式的创新，探究微课制作、iPad运用、创客等信息技术与学科实验课程改革有机整合，实现课程教学和实验改革的共赢，促进教师专业化发展。

（3）创建丰富多样的实验课程改革社团活动，积极开展适合本校乃至茂名地区发展学生动手操作能力和创新能力的实验课程改革社团活动，让实验课课程改革在我校蔚然成风，并积累典型个案，总结成功经验。

（4）开展学生间实验课程改革竞赛和老师间的"沙龙"活动。对照学科实验课程改革的要求，组织学生常规实验比赛和实验创新竞赛以及教师实验基本功操作比赛，借赛促改，边实践边提高。

（5）探索分层教学、走班制在实验课课程改革的有效形式，打破传统课程、实验课固定班级、固定老师、固定内容的壁垒，为广大学生提供广阔的发展自我、提升自我的平台，促进教师和学生的持续化发展。

### （四）发挥特色教育优势，培养学生核心素养

（1）大力创办并发展特色教学，举办校园科技创新节，抓好美术、体育特长生的培养。创建艺术团，正常开展各项社团活动。

（2）建立上门家访制度，规定教师每学期必须家访20次，争取家长对学校工作的支持。

（3）继续进行名家进校园的策略，引进国学课程，打造文化校园。

（4）创新学生培养模式，进行书院式教育，培养学生核心素养。学校以学生个人读书钻研为主，注重培养学生的自学能力，注意启发学生的思维，实施书院式教育。在教学活动之中，要求把学生置于学习的主体地位，强调以学生的个人自学为主，辅之以教师的答疑及师友间的论学，反对教师无的放矢的说教，十分重视学生学习的主动性和独立钻研能力的培养。

（5）建立学校、家庭、社会三结合教育网络建设。密切与家长的联系，有计

划地召开学生座谈会,办好家长学校,改进家长的教育方法,使其配合学校教育,形成教育合力,从而使我校的德育工作再登新台阶。

(6) 办好家长学校,发挥家委会、家长联盟、义工团的作用。

(7) 联盟建设。继续完善家校互动、班主任联盟、班级联盟、楼层联盟,充分发挥联盟的链带效能,提高工作效率。

## (五)加强校园文化建设,促学校内涵发展,建现代化名校

进一步加强校园周边环境治理,促进学生健康成长,建设干净整洁、文明优雅的育人环境,学校把校园及周边环境卫生整治纳入学校年度工作计划。

(1) 统一领导,加强协调。在茂名市委、市政府和茂名市教育局的组织领导下,我校主动联系公安、食药、工商、城管等职能部门,按照监管职责,加强合作,协调联动,形成工作合力,切实防止推诿扯皮现象,对校园周边进行清理整顿,对非法经营业户和占道经营餐饮加以取缔,各相关执法单位要定期开展巡查,掌握基本情况,本着"什么问题突出就整治什么问题,哪里问题突出就整治哪里"的原则,因地制宜地开展专项整治行动,并巩固治理成果,确保学校周边治理工作取得实效。

(2) 多方举措,规范交通。大力整治校园周边交通秩序,整治交通隐患,一是建立校园周边200米内的交通安全绿色通道,设立"学生上下学绿色通道"交通标志,交警队每日早、中、晚对学生上学、放学路段进行清理,并告之司机减速慢行,礼让学生,或者在学生每日早、中、晚对学生上学、放学路段实行限时通行措施。二是加大执法力度,利用"全球眼"或交警现场管理对未能礼让学生的驾驶员予以曝光及处罚,让家长在学校200米范围内选择地方停车,放心地让孩子步行到校,避免校门口的交通堵塞。三是在学校门口内设置治安亭,巡警或派出所每日早、中、晚的上学、放学时间段到学校附近巡查,严防治安事件的发生。四是鼓励学校教职工、学生、学生家长和社会人员积极参与,轮流到校门执勤,义务担当文明劝导员,共同维护交通和治安秩序。

(3) 规范管理,整体联动。为进一步保证学校周边良好的环境秩序,确保校园师生及人民群众身体健康,配合卫生、工商、城管、公安及质检等执法部门,定期对学校周边饭馆、小卖部、餐饮摊点、超市等进行全面的联合执法检查,在学校周边,特别是在学生上学放学时段,增派警力加强校园周边巡逻,并对存在

的问题及时进行整改,保证学校周边秩序良好。

春风化作雨,润物细无声。近年来,茂名市祥和中学在市委市政府的支持下,在市教育局的领导下,初步形成了具有自身特色的学校文化体系,使学校管理产生巨大的整体合力,极大地增强学校教育能量和办学自信,推动学校事业的不断发展。在未来一年,学校会乘着"创现"东风,加快发展步伐,建现代化名校。

(茂名市祥和中学 2017—2018 学年工作计划)

# 后 记

## 寻问本质　明识方向
——第四期京苏粤中青年校长研修
北京阶段学习收获与感悟

2015年4月17日至4月29日，我有幸参加了第四期京苏粤中青年优秀校长高级研修班北京阶段的学习，在为期13天的学习里，我受益匪浅。通过听课、交流，我进一步认识到一位优秀校长必须具备较强的理论素养和能力素质，进一步提升校长的领导力、管理力、执行力，为实现学校快速发展打下坚实的基础，正如习总书记所说：打铁还需自身硬。同时，通过实地考察名校、深入反思及聆听专家、校长讲座，领略到了名校的风采，感悟到了名校的办学思想和特色，感受到了名校浓厚的文化氛围。应该说，这次学习使我开阔了眼界，提高了认识，拓宽了思维，明确了使命。

### 一、研修收获

子曰："三人行，必有我师。"这次能到首都与名校长、名教授面对面交流，提高了自己的思想层次，更新了办学理念。概括地说，主要有三个方面：第一，大局观更强了，能站在国家和党的高度去认识教育本质；第二，辨明了当前教育改革的方向，找到了自己锐意改革实践的理论依据；第三，通过对名校实地考察，借鉴名校办学经验，找到了自己所在学校与它们的差距，树立了追赶的目标，增强了教育改革的信心。

### （一）转变思维方式，认清教育本质

通过学习国家行政学院杜正艾研究员的《习近平对外战略思想》，我开始意识到应该从国家高度和宏观角度去认识当前的教育热点和难点问题，知道了办教育需要有正确的指导思想，需要切实有效的办学策略。唯如此，才能做到运筹帷幄，

及早谋划；才能做到有战略定力，统筹教育资源，因地制宜实施政策。

北京市教委发言人李奕委员的《"消费观"引导下的教育供给》，使我学会了从群众和消费者的角度、立场看待教育问题，更能理解当前教育政策和走向，理解国家为什么制定教育均衡政策和教育现代化政策，了解到这是市场倒逼机制，是形势发展的需要。换个角度看问题，其实问题挺简单。对于作为基本公共服务的基础教育本质的思考，教育的成功最终归结到对学生真实需求的满足和学生成长规律的尊重。所以，我更能理解茂名市委书记许光同志要求学校决不能跨区市掐尖招生、学生决不能跨区入学、坚决打造小班额教育的决定。我们要学会真正"以生为本"，不要在考试前将学生分类，真正实现公平竞争。特别是一些探索的新策略，让我们一线教育工作者了解到国家的新政策和新理念。例如：建立学校联盟，九年一贯制办学，诊断比治疗更重要，变化比成绩更重要，服务比建设更重要等。

北师大中国青少年研究中心洪明博士的《社会主义核心价值观的内涵和培育》则把国家大力推进社会主义核心价值观教育的背景和意义梳理得非常透彻，让我真正意识到价值失衡下的人类生存危机，由衷地感受到在学校实行核心价值观教育的必要性和紧迫性，认识到建设国家软实力的重要性。

在学习过程中，让我印象最为深刻的是北京市第四中学校长刘长铭的《教育问题漫谈与思想分享》。他以聊天的方式与我们分享了对教育本质的理解，刘校长的睿智和对问题的独到分析让人折服。他在讲座中提到"答案不是唯一的"，让我认识到坚持多元化的理念、承认学生的多元化、学生优势的多元化的重要性。只有认识到它的重要，我们才会尊重学生，才能让学生把自己的长处发挥出来，多一把尺子就多一批好学生。如果我们只看分数，那么很多有专长的但不够全面的学生就会被埋没。

## （二）辨清教育形势，把握改革方向

中国教育需要改革，中小学需要内涵发展，这谁都知道，但是怎么改、如何发展，却没有多少人心里有底。通过这次学习，我进一步辨清了当前教育形势，把握了教育改革的基本方向。

作为校长，以往我们对政治性过于明显的教育活动是有一些抵触心理的。总是认为这是搞形式、走过场，对学生实际教育意义不大。学习了洪明博士的《社会主义核心价值观的内涵和培育》后，我知道了在教育实践中要多做乘法，不做加法。要认识到同一件事可以有多个意义。卸下心理包袱后，再去做政治性教育，心理压力大大减轻，工作阻力也相应减小了。由此可见，转变教育思维，是非常重要的！

唐太宗说过：以铜为镜，可以正衣冠；以史为镜，可以知兴替。学习北京教育学院副院长杨志成博士《厘清深化教育综合改革历史逻辑，推进教育治理体系现代化》，让我学会了从历史角度梳理中国教育改革的过程，让我对中国教育的发展方向有更清楚的认识，也让我学会静下心来审视自己在学校实施的一些改革举措。

北京教育学院李春山教授《中小学教育研究与选题指导》是我听过的指导教育科研选题的讲座中讲得最通俗易懂的。李教授用形象生动通俗的语言为校长们分析什么是教育科研，如何指导教师搞科研，如何结合主题选题。我从中学习到了实事求是地用严密的逻辑思维来提出问题、分析问题、解决问题的重要性。

在为期13天的学习中，最让我敬佩的人是中国教育学会副会长陶西平老先生。他的《以信息技术促进教育现代化》用丰富的资料揭示了信息技术的必要性、实践探索和应用策略，令我收获颇丰。

教育部基础教育司司长王定华的《我国基础教育改革发展形势分析与政策走势》从宏观角度分析了我国教育的基本形势，一方面，作为教育当家人，他对自己的责任田了如指掌，如数家珍；另一方面，他知识渊博，思维敏捷，逻辑性强；第三，他也给了我们许多信息，如经济增速放缓，但基础教育投入不减还增，教育的春天来到了。世界教育进入新拐点，发达国家对中国教育给予较多的关注，我们的基础教育应主动适应第三次工业革命。

### （三）实地考察名校，虚心学取真经

通过对北京名校的实地考察和结合自己办学实际的反思，我对如何打造名校有了更加深刻的认识。

北京育英学校是中央领导人的子女就读的学校之一，被称为"红色学校"。这所学校有着高品位的校园文化、先进的办学理念。该校最为成功的做法是：打开空间，让学生活动；建设充满中国元素的中国最美校园。学校校长对课程改革有自己独到的见解，他认为当前课改被严重改化了，课改变成教改，教改变成了教法改革；他认为教无定法，不能千篇一律，不能用一种方法进行教学。对此，我深有同感。

北京二中是一所老牌重点学校，钮小华校长"空气养人"的办学理念，让我们印象深刻，这其实也是一种以人为本的思想。他根据北京学生的特点，组织学生到苏州、杭州修学，体现了开放办学思想，他认为打开学生视野，有生活才有写作，有思想才有观点。对于选修课，有什么资源就开什么选修课，体现了一种因地制宜、实事求是的思想。二中的图书室和阅览室合二为一，因校园面积小建在地下，但是非常方便，有利于学生阅读。二中的校史馆也是我印象最深刻的地方，很好地保留了学校文物，有教师文物、学生文物，有古籍馆，让人觉得学校有深度、有厚度、有品位；同时容易让二中的校友产生归属感，这是最好的爱校教育。

北京广渠门中学以宏志班闻名全国，这是一所由普通学校转变成名校的典型。吴甡校长用一个上午时间，以聊天式的讲座系统地阐述了他的办学思想。第一，教育者把自己做好就是最好的教育。第二，我们都是在为自己工作，但是校长必须形成一个强力的风向标：干多干少不一样，干好干坏不一样！平庸就是错，无功就是过。第三，校长要高扬价值方向标：以人为本、感恩缘分，靠自己的努力赢得社会的关注。第四，要把培训当成最好的福利。第五，校长要想方设法解决教师的职业倦怠。第六，学校机构改革，把教务处、总务处、政教处都取消了，建立学生部、课程部、资源部。每一个部分别由三个部门支撑，通过部门管理的改变来促进教师解决精神懈怠问题。第七，强调校长对课程的领导。吴校长鲜明的个性与他对教育的执着和真正以人为本的办学理念是分不开的，校长就是要这样按教育规律办事。

百闻不如一见，这次有幸参观了清华附中，终于知道了名校的核心竞争力是什么。该校在硬件建设上虽然很上档次，但并没有绝对的优势。它的"名"关键在于有先进的教育理念，始终谋求学校内涵发展，始终以人为本。我从《教育的变与不变——清华附中的思考与做法》中知道了清华附中历任校长都对教育有着深刻的思考，传承育人目标上可谓与时俱进。课程改革紧跟高考改革，小班教学、分层教学、慕课、翻转课堂、未来教室、综合素质评价、学分认定等也是日新月异。但是无论如何改变，教育本质不变、学科本质不变、学校本质不变、教师职责不变。

北京市八中原校长龚正行的《当好校长的十条建议》从自己当校长13年的经验为校长提出10条建议，很实用、很具体，可以说是实用的校长工作手册，充分体现了龚校长的智慧和理念，对中青年校长有很好的参考和借鉴作用。

## 二、研修感悟

### （一）高品质的学习

本期高研班给校长们的感觉非常好，项目组对研修班的课程设计、专家的选择和考察学校的选择都倾注了大量的心血，请的专家级别高、水平高，专家讲座选题准，符合校长们的需求，对校长的启发和引领作用大。我们先后考察近10所学校，如清华附中、北京育英学校、北京二中、广渠门中学、首都师大附中、北京25中等。每所学校都有值得我们学习和借鉴的地方，考察学校解决了许多专家讲座不能解决的问题。

### （二）富有价值的交流

本次高研班集中了京苏粤的优秀中青年校长，校长之间的交流也非常有价值。参加高研班之前，听了许多专家讲座，掌握了不少理论，但是在实践中操作还是找不到办法，校长们的交流弥补了这个空白。校长们处在不同地方，有不同的做法，很多是值得学习和借鉴的。而且，来自不同地方校长没有利害关系，交流起来顾忌少一些，思想更加放松，交流就会更深入。此外，校长学员都是从基层奋斗成长起来的，每个人都有许多优点，更重要的是校长们对教育的理解已经达到相当的高度，都是教育专家。

### （三）感受地区差异

京苏粤三地都是中国经济发达地区，但是，经济发展水平仍然有很大差异。即使同在一个省也有很大差距。北京作为首都，是我国政治经济文化中心，在教育上拥有许多得天独厚的条件。北京有众多名牌大学，专家资源丰富；有许多全国著名中小学，有许多名校长、名教师和骨干教师队伍。北京更具优势的是最了解中央政策，对形势的把握更加及时；北京还是经济发达地区，教育经费投入充足，学校办学条件好。例如：2014年北京初中生均教育经费4900元，而广东省的标准是1550元。所以，北京学校教育教学设备设施现代化，如多媒体教学设备、功能室配备、师资队伍配备非常充足，实现了小班化教学。北京许多普通学校已经配备3D打印机、机器人、航模、模拟汽车操作台等高端设备。当然，北京地区也有不足，如学校占地面积普遍不大，学生活动空间有限，一些学校校园面积不够，只能向地下发展，在地下室里办学成为北京学校的一大特色。此外，政治氛围比较浓厚，也是北京学校的一大特色。从侧面了解到，北京学生的负担比较重，校内减负、校外增负现象严重。另外，北京教师待遇并不比珠三角学校高。我认为各地都有自己的实际情况，我们应当向先进地区学习，尊师重教，但也要考虑经济承受能力，因地制宜，不能照搬，不能复制。

### （四）认识差距

通过此次培训学习，深感我们的教育与北京等发达地区教育的差距，不仅是教育投入的不足与教育观念的落后，还有管理意识的粗放随意。作为教育相对落后的地区，我们首先要规范办学行为，通过制度规范办学，也要根据教育发展的多元化或特色发展的需要，在办学评估与学校管理等方面给予一定的选择性，这样才能促进本地教育的快速发展。

### （五）吸收名校经验

"三流学校靠权威，二流学校靠制度，一流学校靠文化。"文化像气、像水，于无声处显神威，学校文化亦如此。它是学校的影响力、生产力、凝聚力和核心发展力，是学校发展的灵魂所在。不错，打造名校，培养更多名师，让学校更快地发展，才能更有生命力。人们常说：一个好校长就是一所好学校。可见校长对学校发展的影响很大。参加研修班的学习，无论是专家讲座，还是校长经验介绍，我体会最深的是：优秀的校长必须"心中有人"，只有校长时时刻刻把老师和学生放在心上，学校的工作才会有利于师生的发展。

总之，参加第四期京苏粤优秀中青年校长高级研修班使我收获很大，各校特色的办学历程和先进的办学理念，都给我留下了深刻的印象。我将把自己听到的、看到的、想到的和学到的加以整理，结合自身和学校的实际，分析、消化、吸收，全力以赴提高我校的办学质量和办学水平。

（写于 2015 年 5 月 10 日）